R. EL. CHALAMET

LA PREMIÈRE ANNÉE
D'ÉCONOMIE DOMESTIQUE
A l'usage des écoles de filles

Morale, Soins du ménage et Couture.
Hygiène et notions de Droit usuel.
Rédactions, Récits, Résumés.

Huitième édition.

Armand COLIN et Cie
ÉDITEURS

des Petits Cahiers de Mme Brunet (économie domestique)
par Mme MARIE DELORME

LARIVE ET FLEURY — *Dictées de Première année. Livre de l'Élève.* 1 vol. in-12, cartonné .... » 90
— *Le même*, LIVRE DU MAITRE. 1 vol. in-12, cartonné 1 50
CARRÉ et MOY. — *La Première année de Rédaction et d'Élocution.* 1 vol. in-12, cartonné .... » 90
— *Le même*, Livre du Maitre. 1 vol. in-12, cartonné ...

LA PREMIÈRE ANNÉE
D'ÉCONOMIE DOMESTIQUE

MORALE — SOINS DU MÉNAGE
HYGIÈNE — JARDINAGE — TRAVAUX MANUELS

SUIVIE DE

NOTIONS D'INSTRUCTION CIVIQUE ET DE DROIT USUEL

OUVRAGE CONTENANT

Des Préceptes — des Récits — des Résumés — des Gravures
des Devoirs de rédaction

A L'USAGE DES ÉCOLES DE FILLES

PAR

R. El. CHALAMET

« Ne pas faire un *cours régulier* d'économie domestique, mais inspirer aux jeunes filles l'amour de *l'ordre*, leur faire acquérir les qualités sérieuses de la *femme de ménage* et les mettre en garde contre les goûts frivoles et dangereux. »
Programme de 1887.

HUITIÈME ÉDITION

LIVRE DE L'ÉLÈVE

PARIS
ARMAND COLIN ET Cⁱᵉ, ÉDITEURS
5, RUE DE MÉZIÈRES, 5

Tous droits réservés.

INTRODUCTION

CE QU'EST CE LIVRE

> Ce que le livre de PIERE LALOI est pour les garçons, on voudrait que la *Première année d'Économie domestique* le fût pour leurs sœurs.

En entrant aujourd'hui en classe, vous avez remarqué sur le bureau de la maîtresse une pile de livres neufs. Cela ne vous a pas été désagréable : les écolières aiment à voir du nouveau. Mais vous auriez bien voulu savoir tout de suite ce que pouvait être ce nouveau livre. « Serait-ce une grammaire? Un abrégé de géographie ou d'histoire? Un recueil de problèmes? » Vous vous poussiez le coude les unes aux autres en vous posant ces questions.

De plus curieuses ont ajouté : « Faudra-t-il l'apprendre par cœur, ce livre-là ? » — D'autres enfin se sont écriées : « Pourvu au moins qu'il soit amusant ! »

Vous avez maintenant le livre entre les mains et, pour commencer, ce livre va répondre à vos questions.

D'abord, il ne vous entretiendra ni de grammaire, ni de géographie, ni d'histoire, ni d'arithmétique.

Il vous parlera de vous-mêmes, de vos camarades, de vos maîtres et maîtresses, de vos parents; de ce que vous faites chaque jour à l'école et à la maison, et de ce que vous ferez plus tard lorsque vous serez grandes.

Vous n'aurez pas à l'apprendre par cœur : rassurez-vous. Mais ce petit livre vous demande de le lire avec *beaucoup d'attention* et de *réfléchir* ensuite sur les choses que vous y aurez lues.

Amusant : un livre d'école n'est pas obligé de l'être; on ne vient pas à l'école pour s'amuser. Seulement, vous avez peut-être déjà remarqué ceci : quand on y travaille bien, les heures de leçon passent aussi vite que les heures de jeu. Après la classe, on est même moins fatigué et plus content que si l'on avait joué toute la journée et surtout que si l'on avait perdu son temps à l'école à faire la paresseuse. Sans doute, si vous lisez ce livre avec application, vous y prendrez plaisir, et c'est en ce sens que vous pourrez le trouver intéressant, sinon amusant.

Et puis, à côté d'une partie très sérieuse, il y a dans ce

INTRODUCTION.

livre une chose que vous aimez beaucoup : *des histoires*. On vous permettra de les lire à la suite des divers chapitres.

Ces histoires sont, les unes gaies, les autres tristes, car on y raconte la vie de gens comme vous et moi, et nous avons dans notre vie des joies et des peines; vous l'avez déjà remarqué sans doute, quoique vous soyez bien jeunes.

C'est précisément de la vie de tous les jours, avec ses peines et ses joies, que ce petit livre vous entretiendra d'un bout à l'autre de ses pages.

Il voudrait vous apprendre à *bien vivre*; vous aider, s'il le pouvait, à devenir de bonnes écolières, de bonnes filles, de bonnes sœurs, plus tard de bonnes femmes et de bonnes mères, et enfin de bonnes Françaises.

Il voudrait vous rendre *heureuses* en vous donnant le désir et la volonté d'*accomplir tous vos devoirs*.

Voilà un livre qui vous veut beaucoup de bien, n'est-il pas vrai? Faites-lui donc un bon accueil; traitez-le comme un ami : il veut être le vôtre.

R. El. Chalamet.

Programme de 1882.

COURS ÉLÉMENTAIRE DE 7 A 9 ANS	COURS MOYEN DE 9 A 11 ANS	COURS SUPÉRIEUR DE 11 A 13 ANS
1° Extraits du programme de morale.		
Entretiens familiers. Exercices pratiques tendant à mettre la morale en action : 1° Par l'observation individuelle des caractères. 2° Par l'application intelligente de la discipline scolaire. 3° Par l'appel incessant au sentiment et au jugement moral. 4° Par le redressement des notions grossières. 5° Par l'enseignement à tirer des faits.	L'enfant dans la famille. Devoirs envers les parents et les grands-parents. Devoirs des frères et sœurs. Devoirs envers les serviteurs. L'enfant dans l'école. La patrie. Devoirs envers soi-même. L'âme. Devoirs envers les hommes. Devoirs envers Dieu.	1° *La famille.* 2° *La société.* Justice, solidarité, fraternité. Respect de la vie et de la liberté humaine; respect de la propriété; respect de la parole donnée; respect de l'honneur et de la réputation d'autrui; respect des opinions et des croyances; probité, équité, délicatesse. Bienveillance, reconnaissance, tolérance, clémence. 3° *La patrie.* Obéissance aux lois. Impôts. Le vote.

COURS ÉLÉMENTAIRE DE 7 A 9 ANS	COURS MOYEN DE 9 A 11 ANS	COURS SUPÉRIEUR DE 11 A 13 ANS
\multicolumn{3}{c}{**2· Travaux manuels (pour les filles.)**}		
Tricot et étude du point; mailles à l'endroit, à l'envers, côtes, augmentations, diminutions. Point de marques sur canevas. Éléments de couture : ourlets et surjets. Exercices manuels, destinés à développer la dextérité de la main, découpage et application de pièces de papier de couleur. — Petits essais de modelage.	Tricot et remaillage. Marque sur canevas. Éléments de la couture : Point de devant, point de côté, point arrière, point de surjet. — Couture simple, ourlet, couture double, surjets sur lisières, sur plis rentrés. Confection d'ouvrages de couture simples et faciles (essuie-mains, serviettes, mouchoirs, tabliers, chemises, rapiéçage).	Tricot de jupons, gilets, gants. Marque sur la toile. Piqûres, froncés, boutonnières, raccommodage des vêtements, reprises. Notions de coupe et confection des vêtements les plus faciles. Notions très simples d'économie domestique et application à la cuisine, — au blanchissage et à l'entretien du linge, à la toilette, aux soins du ménage, du jardin, de la basse-cour. — Exercices pratiques à l'école et à domicile.
\multicolumn{3}{c}{**3· Instruction civique, droit usuel, notions d'économie politique.**}		
Explications très familières, à propos de la lecture, des mots pouvant éveiller une idée nationale, tels que : citoyen, soldat, armée, patrie ; — commune, canton, département, nation ; — loi, justice, force publique, etc.	Notions très sommaires sur l'organisation de la France. Le citoyen, ses obligations et ses droits; l'obligation scolaire, le service militaire, l'impôt, le suffrage universel. La commune, le maire et le conseil municipal. Le département, le préfet et le conseil général. L'État, le pouvoir législatif, le pouvoir exécutif, la justice.	Notions plus approfondies sur l'organisation politique, administrative et judiciaire de la France : La Constitution, le Président de la République, le Sénat, la Chambre des députés, la loi ; — l'administration centrale, départementale et communale, les diverses autorités ; — la justice civile et pénale ; — l'enseignement, ses

divers degrés ; — la force publique, l'armée.
Notions très élémentaires de droit pratique :
L'état civil, la protection des mineurs ; — la propriété, les successions ; — les contrats les plus usuels : vente, louage, etc.
Entretiens préparatoires à l'intelligence des notions les plus élémentaires d'économie politique : l'homme et ses besoins; la société et ses avantages; les matières premières, le capital, le travail et l'association. La production et l'échange; l'épargne; les sociétés de prévoyance, de secours mutuels, de retraite.

LA PREMIÈRE ANNÉE
D'ÉCONOMIE DOMESTIQUE

PREMIÈRE PARTIE

MORALE — SOINS DU MÉNAGE — HYGIÈNE
JARDINAGE — TRAVAUX MANUELS

I

LA JEUNE FILLE

I. — L'Écolière.

1. Pourquoi êtes-vous réunies dans cette école ? Pour nous instruire, allez-vous dire, pour **travailler**.

On ne peut répondre mieux.

2. L'essentiel, à présent, est de ne plus l'oublier, si nous voulons être de *bonnes écolières*.

3. La bonne écolière est **attentive** ; elle ne se fait pas répéter deux fois la même chose ; *elle n'a pas de distractions*.

4. Ce matin la Maîtresse donnait une explication : Deux élèves *causaient* entre elles.

Est-ce pour faire la conversation avec vos camarades que vos parents vous envoient ici ?

Non, puisque c'est pour vous instruire.

5. *Vous ne vous instruirez qu'en bien écoutant.*

6. La bonne écolière **écoute** toujours ce que dit la Maîtresse ; elle ne l'interrompt jamais ; *elle ne cause pas avec ses voisines.*

7. Une élève est arrivée en retard ; elle a fait du

bruit en s'installant à son banc ; ses cahiers et ses livres sont pêle-mêle sur son pupitre ; ils sont sales, tachés d'encre ; elle se penche sur la table et s'assied de côté sur son banc.

Dites, est-ce là une bonne écolière ?

Pas trop, n'est-ce pas ?

8. Alors que doit faire, au contraire, une bonne écolière ?

La bonne écolière arrive à *l'heure exacte*.

Fig. 1. — La bonne écolière écoute toujours ce que dit la Maîtresse.

Fig. 2. — La mauvaise écolière se tient mal.

Elle gagne sa place *sans bruit*.

Elle tient ses livres et ses cahiers *en ordre*.

Elle ne fait pas de *taches* en écrivant.

Elle ne se *penche* pas sur la table. Elle a **une bonne tenue** (fig. 1).

Aussi ne se fait-elle pas souvent réprimander*.

9. La mauvaise élève, au contraire (fig. 2), force la Maîtresse à la **reprendre** sans cesse.

C'est fâcheux pour la Maîtresse, que cela fatigue beaucoup.

C'est fâcheux pour les autres élèves, qui perdent leur temps en attendant.

10. Irène n'est pas souvent grondée pour sa tenue ;

elle est sage à son banc, mais elle travaille *mollement**, sans ardeur.

Une chose un peu difficile la rebute.

Elle n'est pas **persévérante***; elle se décourage vite.

Aussi fait-elle *peu de progrès.*

11. Pour réussir, à l'école comme ailleurs, il faut de la **ténacité*** et de l'**énergie.**

La bonne écolière *se donne de la peine.*

Elle apprend ses leçons à fond.

Elle fait chaque devoir *aussi bien qu'elle en est capable.*

12. Elle est contente quand elle voit sur ses cahiers la note : *très bien*, mise par la Maîtresse.

13. La Maîtresse aussi est contente.

Les progrès de ses élèves la récompensent de la peine qu'elle prend pour elles.

14. **Respectez** et **aimez** vos Maîtresses. Montrez-leur que vous êtes **reconnaissantes** de leurs soins.*

15. Aimez aussi vos camarades et faites-vous aimer d'elles.

Parlez-vous **poliment** les unes aux autres.

Prenez soin des plus petites.

Aidez celles qui sont retardées à comprendre leurs leçons.

Soyez **complaisantes** avec toutes.

RÉSUMÉ (à réciter).

1. Je travaillerai avec application à l'école ; je serai attentive.

2. J'arriverai à l'heure exacte.

3. Je tiendrai mes livres et mes cahiers en ordre; j'aurai une bonne tenue.

4. J'obéirai à ma Maîtresse ; je serai polie et complaisante avec mes camarades.

INSTRUCTION CIVIQUE. — **Lire** la *loi sur l'obligation de l'Instruction primaire* (page 207).

II. — La jeune fille à la maison. — Son apprentissage de ménagère.

16. Dans peu de temps, la classe sera finie et vous retournerez chez vous.

Qu'allez-vous y faire ?

Il y a loin de quatre heures du soir au moment où l'on se couche, et vous seriez des filles paresseuses si vous donniez tout ce temps au jeu.

L'ouvrage ne manque pas à la maison et votre mère a grand besoin d'aide.

17. Une fille **active** n'attend même pas que sa mère lui donne du travail ; *elle lui en demande*.

Qu'y a-t-il à préparer pour le repas du soir. « Faut-il peler des pommes de terre? Éplucher des légumes pour la soupe? »

Vite on retrousse ses manches, on *change de tablier* et l'on se dépêche de faire aller le couteau.

Car ce n'est pas tout de bien faire, *il faut aussi faire vite*.

18. Qu'arrive-t-il lorsque vous vous montrez *lentes* et *maladroites* dans les travaux qu'on vous confie à la maison ?

Votre mère, qui est souvent trop occupée pour attendre, vous enlève le couteau, le balai ou le reste, et fait à votre place la chose dont vous étiez chargée.

C'est grand dommage. D'abord, votre mère a ainsi toute la peine; vous ne la soulagez pas du tout.

Puis, de cette façon, *vous n'apprenez pas à faire les travaux du ménage.*

Or, retenez bien ceci : rien n'est plus **indispensable** pour vous que de savoir faire ces travaux.

19. Balayer, faire la soupe, laver la vaisselle, entretenir le linge, ce seront là *les occupations de toute votre vie.*

Si les petites filles savaient combien on est aise plus tard de ne pas ignorer tout cela !

Rien n'est fâcheux pour une femme comme d'être incapable de *bien s'acquitter des soins du ménage.*

20. Il est excellent de connaître l'orthographe, mais il est nécessaire aussi de savoir **faire un lit et laver des vitres.**

La géographie est une chose fort intéressante, mais au moment du dîner, on ne rassasie pas son mari et ses enfants en énumérant* les cinq parties du monde ou les principales lignes de chemins de fer de la France.

Une bonne omelette bien dorée fait mieux l'affaire du père ou du mari qui rentre avec la faim.

21. Apprenez tout ce que vous pourrez à l'école : vous n'en saurez jamais trop ; mais *apprenez aussi à la maison :* là, vous n'en saurez jamais assez.

22. Au reste, travail de l'école, travail du ménage, ce n'est pas si différent que vous le croyez, peut-être. Pour l'un comme pour l'autre, il faut de **l'intelligence** et de **l'application;** il en faut pour *diriger le fourneau et surveiller le pot-au-feu,* comme pour bien faire une analyse ou une rédaction.

23. Soyez bonne *apprentie ménagère,* vous n'en deviendrez pas plus mauvaise écolière, au contraire.

24. De plus, vous aurez le plaisir de vous dire que vous faites, en aidant votre mère, une chose *utile à toute la famille.*

RÉSUMÉ (à réciter).

1. J'aiderai ma mère à faire le ménage; je balayerai; je

laverai les planchers; j'épousseterai les meubles; je laverai les vitres.

2. J'éplucherai les légumes; je préparerai la soupe; je laverai la vaisselle.

3. Je ferai tout cela proprement et lestement.

III. — L'ordre et la propreté. — La toilette.

25. Qu'avez-vous fait ce matin avant de venir à l'école?

— Vous êtes-vous levées tard ou de bon matin?

26. La bonne écolière **est matinale**.

— Pourquoi?

— Parce qu'elle a beaucoup à faire avant l'heure de la classe.

27. Aussi ne perd-elle pas une demi-heure à s'étirer nonchalamment* sur son oreiller.

Dès qu'elle a les yeux ouverts, elle quitte son lit et commence sa toilette.

Rien n'achève de vous réveiller comme un bon lavage à l'eau fraîche. On se trouve toute renouvelée quand on se sent propre.

28. Claire est tout à fait de cet avis. Aussi se lave-t-elle à **grande eau**.

29. Elle secoue et brosse ses jupons et sa robe avant de les remettre.

30. Elle *examine un à un ses vêtements*, pour voir s'ils n'ont pas besoin d'être réparés. S'il manque à son corsage un bouton, elle le remet en ayant soin de le coudre solidement.

31. Aperçoit-elle une tache? elle s'empresse de l'ôter, car rien n'est laid comme des habits tachés.

32. Claire a des vêtements **très simples**, mais ils lui vont bien et ils durent longtemps *parce qu'elle les entretient*.

33. Elle cire ses chaussures ; elle aurait honte de sortir, trainant à ses pieds, la boue de la veille.

34. Claire a de jolis cheveux ; ils sont souples et brillants, car elle les peigne et les brosse chaque jour ; elle les relève et les arrange de façon à bien encadrer son visage. Elle est beaucoup plus jolie que si elle était mal coiffée.

35. Claire n'est pas fâchée d'être agréable à voir. Elle est un peu coquette ; il faut, pense-t-elle, qu'une jeune fille plaise, par sa bonne tenue, à ceux qui l'entourent.

36. Elle soigne ses dents, qui sont toujours propres et blanches.

Elle nettoie ses ongles.

37. Elle fait tout cela **lestement.**

Il le faut bien, car avant d'aller à l'école, elle doit encore **ranger** sa chambre.

Fig. 3. — Claire ouvre la fenêtre.   Fig. 4. — Claire balaye sous les meubles.   Fig. 5. — Claire s'en va joyeuse à l'école.

38. Elle commence par bien *ouvrir les fenêtres* pour **renouveler** l'air (fig. 3).

Elle fait son lit auquel elle donne bonne tournure.

Elle balaye, sans oublier de *passer sous les meubles* (fig. 4).

On lui a dit en classe que la poussière contenait toutes sortes de choses nuisibles* : avec son balai et son torchon, elle fait la guerre à la poussière ; on n'en voit plus un grain là où elle a passé.

39. Claire ne laisse pas traîner sur les meubles et dans tous les coins ses vêtements, son linge, ses livres.

Elle suspend ses habits à un portemanteau.

Elle serre le linge dans son armoire, dont l'ordre parfait réjouit les yeux.

Ses livres sont rangés sur une petite étagère de bois que son père lui a faite, avec quatre planchettes et quelques clous.

40. Sur le rebord de la fenêtre, il y a deux pots de fleurs. Claire n'oublie pas de les arroser avant de partir.

La jolie chambrette que celle de Claire !

41. Notre jeune fille, ayant mis de l'**ordre** et de la **propreté** sur elle et dans sa chambre, s'en va toute contente à l'école (fig. 5).

Elle est gracieuse et souriante, ce qui la rend encore plus gentille aux yeux de ceux qui la rencontrent.

Elle marche vivement et légèrement, sans avoir l'air de se presser.

42. Peut-être y a-t-il ici beaucoup de filles qui ressemblent à Claire. Tant mieux ! qu'elles continuent à faire comme elle.

Quant à celles d'entre vous qui auraient moins d'ordre, de diligence* et de propreté, veulent-elles un bon conseil ?

Qu'elles s'efforcent d'imiter Claire.

RÉSUMÉ (à réciter.)

1. Je me lèverai matin.
2. Je me laverai et je me coifferai dès mon lever. Je net-

toierai mes ongles et mes dents; je brosserai mes vêtements; je cirerai mes chaussures.

3. J'ouvrirai ma fenêtre.

4. Je ferai mon lit; je balayerai ma chambre; je la mettrai en ordre, et je la rangerai avec goût.

IV. — L'amour de la parure et du plaisir. — La réputation d'une jeune fille.

43. Nous avons loué Claire d'être un peu coquette et d'aimer à être bien mise.

Mais si elle était **vaine** et si elle *aimait trop* la parure, nous la blâmerions.

44. La parure ne donne que de bien petites satisfactions et elle a beaucoup d'inconvénients.

45. Voyez Valérie se promener tout empanachée, couverte de volants, d'écharpes, de rubans. Elle est raide comme un piquet; c'est qu'*elle craint de froisser ses beaux habits*. Ses camarades la regardent passer en riant (fig. 6) et l'appellent d'un air un peu

FIG. 6. — A quoi bon, je vous prie, tout ce bel attirail?

FIG. 7. — On est bien plus à l'aise avec une toilette toute simple.

moqueur pour faire avec eux une partie de colin-maillard; Valérie sourit dédaigneusement* et refuse.

Cependant rien ne lui paraît amusant comme le colin-maillard; mais quoi? une demoiselle, ornée de si jolies fanfreluches, ne doit pas s'exposer à les gâter.

46. Ah! qu'on est bien plus à l'aise avec une toilette toute simple comme celle de Fanchette!

Sa jupe sans garniture, ses chaussures à talons bas ne gênent pas Fanchette pour courir avec ses petits frères (fig. 7). Elle s'amuse de bon cœur; ses joues roses et ses yeux brillants font plaisir à voir plus que les superbes atours de Valérie.

47. Autre chose : regardez d'un peu plus près les gravures que vous avez sous les yeux. Voyez-vous le porte-monnaie de Valérie ouvert et vide? Où s'en est allée la monnaie qui le garnissait? Vous le devinez : la belle toilette a tout absorbé; *elle coûte très cher*.

Valérie a mis sur elle toute sa petite fortune. Vienne la fête d'une de ses amies, de son frère ou de sa sœur, elle ne pourra pas s'accorder le plaisir de leur faire un cadeau. Si un pauvre lui demande un sou, force lui sera de refuser.

48. Au contraire, Fanchette a peu dépensé pour sa toilette. Aussi reste-t-il dans sa bourse rondelette et gonflée assez d'argent pour acheter beaucoup de choses utiles et agréables.

49. Ce n'est pas tout encore. La bonne Fanchette s'amuse franchement et simplement; elle ne pense qu'à bien jouir de sa récréation avec ses petits frères; elle ne s'inquiète guère de savoir si on la remarque.

50. Valérie, elle, regarde de côté et d'autre si on la voit et si on l'admire. Elle ne serait pas fâchée de faire envie à ses compagnes. Elle se figure qu'elle leur est supérieure parce que sa robe n'est pas en cotonnade comme les leurs et elle jouit du dépit

qu'elle leur suppose. Oh! la fâcheuse idée et le mauvais sentiment.

51. Valérie est **vaniteuse**. Ce défaut, si elle ne s'en corrige pas au plus vite, ne tardera pas à en amener d'autres à sa suite.

Valérie voudra sortir souvent pour montrer ses belles toilettes et recevoir des compliments qui la flattent. Que de temps elle perdra! Son travail en souffrira et peut-être aussi sa santé, car trop de distraction fatigue et énerve.

52. De plus, qui nous dit qu'en allant dans les réunions où sa vanité trouvera satisfaction, notre jeune fille ne rencontrera pas des gens qu'il vaut mieux ne pas fréquenter, des personnes qui pourront lui donner de mauvais conseils et l'entraîner à mal faire?

53. Si elle ne fuit pas ces personnes-là, c'est sa réputation qui souffrira; on nous juge, en effet, d'après ceux dont la société paraît nous plaire. Rappelez-vous le proverbe: « Dis-moi qui tu fréquentes, je te dirai qui tu es; » et cet autre : « Qui se ressemble, s'assemble. »

54. N'imitez pas Valérie. *Gardez-vous de la vanité.* Évitez de vous faire remarquer.

55. Soyez **modeste**, non seulement dans votre parure, mais dans toute votre manière d'être.

56. Sachez vous amuser de peu et tout simplement, sans rechercher constamment des distractions au dehors.

57. Partout où vous allez, montrez-vous **prudente et réservée** dans votre langage, dans vos manières et dans toute votre conduite.

58. En agissant ainsi, vous serez **respectée** de chacun et vous aurez la réputation d'une jeune fille sage.

RÉSUMÉ (à réciter).

1. Je me garderai de la vanité.
2. J'aurai des vêtements simples; je ne chercherai pas à me faire remarquer par le luxe de ma toilette.
3. Je prendrai soin de ma bonne réputation; je fuirai les mauvaises compagnies.
4. Je serai modeste et réservée.

V. — Vos devoirs envers votre famille.

59. Vous savez toutes que vous devez obéir à vos parents; *l'obéissance est le premier devoir des enfants.*

60. Comment obéirez-vous?

Sans discuter, avec empressement et bonne humeur.

On dit avec raison que la *bonne grâce* double le prix de l'obéissance.

61. *Obéir à un ordre donné ou ne pas enfreindre* * une défense n'est pas suffisant : des enfants, s'ils comprennent bien leur propre intérêt, doivent encore se montrer **dociles**.

62. Laissez-vous diriger par vos parents. Ayez **confiance** en eux; racontez-leur tout ce qui vous arrive; demandez-leur conseil sur ce qui vous embarrasse. En toute occasion, vous vous trouverez bien de prendre et de suivre leurs avis : ils savent mieux que vous ce qui vous convient.

63. Les enfants trouvent souvent fort difficile de recevoir sans impatience les réprimandes; certaines jeunes filles éclatent en pleurs à la moindre observation; il semble qu'on leur fasse une injustice en s'apercevant de leurs défauts.

Se croient-elles donc parfaites, ou tiennent-elles à conserver leurs défauts, comme on ferait d'une chose précieuse?

64. Le meilleur moyen de s'en corriger est d'**écouter** les réprimandes des parents : *mieux vaut en profiter à présent, que de recevoir plus tard celles des étrangers.*

65. Eh! sans doute, personne n'*aime à être grondé.* Personne n'avale non plus par goût une médecine bien amère; mais quand il faut la prendre pour guérir, les gens raisonnables l'acceptent sans faire la grimace.

Faites devant les réprimandes, *qui vous guériront de vos défauts,* comme les gens raisonnables devant la drogue amère qui les débarrassera de leur mal.

66. *Tant mieux* pour vous si vos parents *sont sévères;* vous serez plus vite corrigées.

67. Ne cachez jamais vos fautes; même quand vous devriez vous attirer une punition rigoureuse, *avouez-les courageusement.*

On peut pardonner une faute. Mais le mensonge **avilit*** et rend méprisable.

68. Respecter ses parents en leur obéissant et en leur montrant de la **déférence ***, ce n'est point encore assez.

Vous **aimez** votre père et votre mère; vous savez de quels soins ils vous entourent depuis que vous êtes au monde et quels sacrifices ils font sans cesse pour vous. Vous êtes reconnaissantes de leurs soins.

Il faut *leur prouver* votre tendresse et votre **reconnaissance**.

69. Soyez affectueuses et caressantes avec eux, Montrez-leur votre désir de les **satisfaire** dans les petites choses comme dans les grandes. Que de braves jeunes filles auxquelles il ne manque pour être charmantes, que d'être plus attentives aux *petites choses !*

70. Vous voulez un exemple ?

Voici deux sœurs, Jeanne et Lucie. Toutes deux, au fond, aiment également leur père. Mais voyez comme elles se comportent différemment quand il rentre à la maison : Jeanne attend qu'il arrive dans la chambre où elle travaille pour lui tendre son front à baiser et retourner aussitôt à ce qui l'occupait.

71. Lucie court au-devant de son père dès qu'elle entend son pas sur l'escalier — et elle est toujours la première à l'entendre ! — elle lui saute au cou, elle veut savoir comment il va, elle a mille choses à lui dire ; elle a préparé d'avance, près du feu, la place où il lira son journal en attendant le souper. Le père est tout égayé par le joyeux accueil de sa petite Lucie ; en la voyant fêter si gentiment son retour au logis, il oublie les fatigues de la journée.

Laquelle des deux sœurs prouve le mieux à son père l'affection qu'elle a pour lui ?

72. Sans doute vous avez lu plus d'une fois avec émotion des traits de dévoûment sublime*; vous avez entendu raconter l'admirable histoire d'êtres qui ont *donné leur vie* pour sauver ceux qu'ils aimaient.

73. Il n'y a pas, dans ce monde, beaucoup de cas où l'on ait ainsi à se sacrifier d'un seul coup et tout entier ; mais il y a mille occasions dans la vie de chaque jour de *se dévouer en détail* aux siens.

74. Les grands actes de dévoûment sont comme une pièce d'or avec laquelle on payerait en une fois ce que l'on doit ; il n'est pas donné à tous de s'acquitter ainsi : la plupart d'entre nous ont à *payer leur dette en petite monnaie,* en sous et en centimes.

Ces sous et ces centimes, ce sont les petites preuves d'amour et de dévoûment que nous devons donner **constamment** à ceux qui nous entourent.

75. Cette manière de se dévouer est **moins brillante** que l'autre, mais elle est **bonne** aussi, croyez-le.

76. Ne dédaignez pas les petits dévoûments, et ne vous lassez pas de les pratiquer, car ce seront peut-être les seuls à votre portée.

77. Si l'un des vôtres courait sous vos yeux un grand danger, vous vous exposeriez vous-mêmes pour le sauver, n'est-il pas vrai ?

78. Dans la vie de famille, nous avons à faire sans cesse une chose beaucoup plus simple ; il ne s'agit pas de préserver les nôtres de la mort, mais de rendre leur existence **heureuse** par la *douceur et l'agrément de notre caractère*, notre *égalité d'humeur**, notre *tendresse prévenante**.

79. Voilà les qualités que vous devez surtout chercher à acquérir.

Elles vous feront vivre **en bon accord** avec vos frères et sœurs.

80. Si vous étiez taquines, entêtées, égoïstes* et d'humeur chagrine, la maison retentirait bientôt de vos querelles.

81. Lorsque vous avez avec vos frères et sœurs de petites discussions, sachez **céder** à propos. Soyez complaisantes. Ne soyez pas jaloux les uns des autres.

Parlez-vous avec **politesse**, avec douceur et sans **brusquerie**.

82. Aidez-vous les uns les autres.

83. Quand vous serez tous devenus grands, vous resterez **unis**. Vous ne vous laisserez jamais diviser par des questions d'intérêt. Vous vous soutiendrez mutuellement dans la vie, surtout si vos parents viennent à vous manquer.

Les aînés aideront les plus jeunes; à leur tour, ils feront des sacrifices pour leurs frères et sœurs, comme les parents en ont fait pour eux afin de les mettre en état de gagner leur vie.

84. Il y a des maisons où l'on semble croire qu'il suffit, pour vivre en famille, de dormir sous le même toit et de s'asseoir à la même table; chacun pense à ce qui le préoccupe, sans en faire part aux autres.

85. Dans une vraie famille, *ce qui intéresse l'un intéresse tous les autres;* aussi a-t-on toujours quelque chose à se dire; on cause; on se donne la

Fig. 8. — Dans une vraie famille, on est aimable les uns envers les autres.

peine de raconter des choses intéressantes, de distraire et d'amuser les siens, d'être *aimable avec eux* (fig. 8), comme on s'applique à l'être avec des étrangers.

86. Ce sont de tristes intérieurs* que ceux où il n'y a pas de conversation, où l'on ne trouve rien à se dire, *où l'on ne rit jamais ensemble.*

Tâchez que le vôtre ne ressemble pas à ceux-là.

RÉSUMÉ (à réciter).

1. J'obéirai à mes parents; je les respecterai.

2. J'aurai confiance en eux; je leur avouerai toujours mes fautes.

3. J'écouterai avec déférence leurs réprimandes; je suivrai docilement leurs conseils.

4. Je leur prouverai ma reconnaissance et mon affection par ma conduite.

5. Je ne me querellerai pas avec mes frères et sœurs; je serai bonne et complaisante pour eux.

6. Je leur parlerai poliment et avec douceur comme je le fais avec les étrangers.

7. Nous nous aimerons, nous nous aiderons les uns les autres.

8. Je m'efforcerai à contribuer, par ma bonne humeur, à rendre agréable la vie de famille.

DEVOIRS DE RÉDACTION. — 1. Dites quelles sont les principales qualités d'une bonne écolière.

2. Racontez ce que fait une fille active en rentrant de l'école.

3. Expliquez comment on balaye un appartement, comment on fait un lit, comment on lave les vitres.

4. Racontez ce que fait, avant d'aller le matin à l'école, une jeune fille qui est le contraire de Claire.

5. Y a-t-il des inconvénients à avoir une toilette très élégante? Quels sont ces inconvénients?

6. Quels sont vos devoirs envers vos parents?

7. Composez une petite histoire où vous ferez se quereller un frère et une sœur: Jules brusque et taquin, Louise maussade et entêtée. La mère survient, leur montre qu'ils ont tort tous deux et les met d'accord.

8. Décrivez la gravure de la page 20 (Une vraie famille).

RÉCIT I. — **Comment Jeannette apprit son métier.**

I. LA MARRAINE.

A l'entrée du village de Sérignan est une petite maison habitée par une famille de braves cultivateurs, les Mygairou.

En revenant un soir de piocher sa terre, le père Mygairou aperçut devant sa porte un groupe de voisines.

— Arrivez donc, Mygairou, lui cria-t-on (fig. 9); pendant que vous étiez au travail, votre famille s'est augmentée; vous allez trouver un poupon* à la maison.

— Un garçon? dit le brave homme avec un empressement joyeux.

— Ah! pour cela, non! c'est une fille.

FIG. 9. — « Arrivez donc, Mygairou, » lui cria-t-on.

Le père Mygairou fit la grimace.

Il avait déjà trois filles : Miette, Nanette et Lisette. Quatre, c'était vraiment beaucoup. Si au moins ç'avait été un fils, cette fois!

Tout désappointé, Mygairou entra dans la maison.

Il y trouva, entre autres femmes, une de ses anciennes amies d'enfance et camarades d'école, Marthe Soubirade. Elle était mariée à Marseille, avec un homme du pays, qui tenait un magasin d'épicerie en gros.

Les Soubirade étaient des gens intelligents et laborieux, tant la femme que le mari, et ils faisaient de bonnes affaires.

— Vous voilà bien attrapé, mon pauvre Mygairou, dit Marthe en riant de l'air déconfit* du pauvre homme. Allons! il ne faut pas lui faire grise mine, à cette petite.

— Vous en parlez à votre aise, madame Soubirade. Vous êtes riche, vous. Mais quatre enfants sur les bras, et des filles encore! lorsque l'on n'a que sa pioche pour vivre, c'est dur tout de même!

— Bah! dit gaiement Mme Soubirade, est-ce que votre père et le mien étaient des millionnaires? Cela n'empêche qu'ils ont élevé, l'un cinq enfants et l'autre six. Au surplus, tenez, faisons un arrangement. Je veux être la marraine de cette petite. Quand elle aura douze ou treize ans, envoyez-la moi à Marseille : je me chargerai d'elle. Je vous promets de la traiter comme mon enfant; elle sera la sœur cadette de ma fille Antoinette, et vous pouvez être sûr qu'elle apprendra chez nous à bien travailler.

On pense que le père Mygairou se garda de refuser l'offre de la bonne Mme Soubirade. Sa femme et lui remercièrent de tout leur cœur cette excellente femme.

— Ce n'est pas tout, dit celle-ci; les marraines ont le droit de choisir le nom qu'on donne au nouveau-né. Ma filleule s'appellera Jeannette.

Les jeunes femmes et les jeunes filles qui étaient réunies sur le seuil se récrièrent. Jeannette était un nom trop simple, trop campagnard, surtout pour la filleule de Mme Soubirade, qui était destinée à aller habiter la ville. Mieux aurait valu baptiser la jeune Mygairou, Sophie, Irène ou Valérie.

— Du tout, du tout, répliqua Marthe Soubirade. Moi, j'aime bien que les gens de la campagne soient campagnards et tout ce que je souhaite, c'est que la petite soit simple comme son nom : elle s'appellera Jeannette.

Ainsi fut fait.

II. Mauvais tours joués par les fées.

La marraine de la petite Jeannette repartit pour Marseille peu de jours après le baptême, et passa de longues années sans revenir à Sérignan.

Mais deux fois par an, au 1er janvier et à la Saint-Jean, qui est, comme chacun sait, au mois de juin, elle envoyait régulièrement un cadeau à sa filleule. Une fois, c'était une robe, une autre fois, de la cotonnade pour un sarrau * ou deux, trois ou quatre bonnes chemises de toile, ou bien encore une paire de souliers ou un joli chapeau de paille garni tout uniment d'un petit ruban bleu. Jamais de fanfreluches * ni de colifichets * inutiles, par exemple; Mme Soubirade était une femme pratique *.

Jeannette était bien joyeuse quand arrivait un paquet de Marseille. Ses sœurs étaient un peu jalouses, et elles auraient bien voulu avoir chacune une marraine comme celle de Jeannette.

— Tu es heureuse, toi! lui disaient-elles. On te fait de beaux présents, et quand tu seras grande, tu iras faire la dame à la ville. Tu es comme ces enfants, dont on parle dans les contes, qu'une fée * a reçus à leur naissance.

Jeannette, qui n'avait jamais vu sa marraine, se la figurait en effet comme une fée, et il lui tardait beaucoup d'avoir quatorze ans pour aller la retrouver à Marseille.

En attendant cet agréable moment, elle travaillait assez bien à l'école ; mais à la maison, c'était la petite fille la plus paresseuse que l'on pût voir. Jamais on ne la voyait laver la vaisselle, éplucher les légumes pour la soupe, ou prendre le balai pour nettoyer la cuisine. Ses sœurs faisaient tout dans le ménage (fig. 10). Quand Jeannette s'asseyait à table et mangeait, de grand appétit, une friture de pommes de terre ou une purée* de potiron, on l'aurait fort embarrassée en lui demandant de quelle façon se préparaient les bonnes choses dont elle se régalait. Trouver la cuisine à son goût, c'était son affaire ; mais y mettre la main, oh ! non pas. Cela regardait Miette, la sœur aînée, qui s'y entendait si bien.

FIG. 10 — Les sœurs faisaient tout dans le ménage. Jeannette se reposait ou lisait.

Les parents de la fillette la gâtaient parce qu'elle était la dernière venue. Quelquefois, le père disait bien que la petite ne savait rien faire dans le ménage et qu'il serait temps de l'y exercer. « Bah ! répondait la mère, est-ce que nous ne sommes pas déjà assez de femmes à nous en occuper dans la maison ? Laisse-la donc étudier tranquillement ses leçons pour l'école. Voilà bientôt le moment de l'examen et il faut que notre Jeannette se hâte d'obtenir le certificat d'études pour aller rejoindre sa marraine. »

Mademoiselle Jeannette profitait de la faiblesse de ses parents à son égard pour se faire une vie très douce. Elle se levait tard. Pour un peu, elle aurait souffert qu'on lui apportât son déjeuner au lit.

— Jeannette, viens donc surveiller le dîner pendant que je vais traire les chèvres, lui disait quelquefois sa sœur Miette.

Jeannette répondait qu'elle n'entendait rien aux marmites et se sauvait d'un autre côté.

Réduction d'une page spécimen du « Petit Français illustré »

5ᵉ année.   10 centimes.   5ᵉ année.

LE
Petit Français illustré
JOURNAL DES ÉCOLIERS ET DES ÉCOLIÈRES

	Armand COLIN & Cⁱᵉ, éditeurs	
	5, rue de Mézières, Paris	

Jean Bart à l'abordage d'un vaisseau anglais.

Dimension réelle : 27 cent. de hauteur sur 19 cent. de largeur.

Librairie classique ARMAND COLIN et Cie.

LE
Petit Français illustré

JOURNAL DES ÉCOLIERS ET DES ÉCOLIÈRES

Paraît le samedi.

10 centimes le numéro avec Supplément.

Chez tous les libraires et marchands de journaux.

ABONNEMENTS :

France : Un an, 6 fr. ; six mois, 3 50 — Étranger : Un an, 7 fr.

630 pages, 520 gravures par an

Contes. — Histoires. — Voyages.	Biographies d'hommes illustres.
Aventures extraordinaires.	Histoire des inventions utiles.
Récits et Légendes historiques.	Histoire naturelle.
Poésies.	Phénomènes de la nature.
Beaux-Arts.	Horticulture. Agriculture.
Charades et Jeux divers, etc.	Sciences vulgarisées.
Biographies d'enfants célèbres.	Questions amusantes.

Belles et nombreuses gravures. — *Dessin, coloriage, découpage, etc.*

ENVOI D'UN NUMÉRO SPÉCIMEN SUR DEMANDE

Nous avons reçu d'un instituteur, au sujet de notre *Petit Français illustré*, une lettre qui nous fait d'autant plus de plaisir qu'elle réalise nos prévisions et nos espérances quant à l'action bienfaisante de notre journal comme auxiliaire des maîtres.

« J'ai remarqué chez ceux de mes élèves qui suivent assidûment
« le *Petit Français* un goût plus vif pour la lecture, l'acquisition
« de certaines connaissances générales dont leurs petites études
« bénéficient ; votre excellent journal nous rend réellement des
« services. »   H*** D***, Instituteur.

Le **Petit Français illustré** est

Le plus recommandable	Le plus varié
Le plus intéressant	Le mieux illustré

de tous les journaux d'enfants

Le *Petit Français illustré* forme chaque année un volume in-8° jésus de 630 pages, illustré de plus de 500 gravures, broché, 6 fr. ; relié toile, fers spéciaux, tranches dorées.................. 9 »

Paris. — Imp. E. CAPIOMONT et Cie, rue des Poitevins, 4

Au fond, elle pensait que la cuisine était une chose malpropre à laquelle il ne lui convenait pas du tout de mettre la main. Du reste, elle avait un certain dédain pour tous les travaux manuels*. Cette fillette, qui voyait tout le monde faire œuvre de ses doigts autour d'elle, se figurait qu'une jeune fille instruite se rabaisse en s'occupant des détails du ménage. Des camarades l'encourageaient dans cette idée fausse et absurde en lui parlant sans cesse de cette existence de jeune demoiselle de la ville qu'elle mènerait à Marseille. Cela troublait sa pauvre petite cervelle, et elle en était venue à se glorifier d'être maladroite et incapable. De temps en temps, il se trouvait quelque ménagère de bon sens dans le village pour faire honte à Jeannette de son ignorance et de sa paresse. Mais elle recevait les observations en haussant les épaules. Si l'on se moquait d'elle, ce qui arrivait plus d'une fois, elle se consolait en pensant qu'elle serait bientôt auprès de sa bonne fée de marraine.

III. Arrivée de Jeannette a Marseille.

Dans un grand magasin d'épicerie, des garçons affairés* allaient et venaient, roulant des ballots, écrivant des adresses, cherchant des marchandises sur les rayons et inscrivant à mesure sur leurs carnets* les quantités demandées par les clients*.

Depuis un moment, sans qu'ils y eussent pris garde, une grande fillette de treize à quatorze ans, un panier au bras, se tenait tout ébahie* sur le seuil de la porte.

A la fin, voyant que personne ne faisait attention à elle, elle avança de quelques pas et dit timidement :

— Madame Soubirade, s'il vous plaît ?

— La patronne ? dit très vite le commis auquel elle s'adressait. Porte à droite, au fond des magasins et dans la cour, porte à gauche, de côté.

Puis, il se remit à énumérer* tout haut les articles qu'il inscrivait.

Jeannette se fraya un chemin à travers les pains de sucre, les boîtes de sardines empilées par terre en grands tas, les sacs de riz, de café, etc.

Arrivée à la porte du fond, le cœur lui battit un peu. Cependant elle souleva bravement le loquet et se trouva dans la cour.

Près d'une pompe, une femme grande et robuste, les

jupes retroussées sur un jupon court, les bras nus, de l'écume de savon jusqu'au coude, frottait du linge dans un baquet à pieds. Toute sa personne avait un air de force, de vaillance et de bonne humeur.

— C'est sans doute la cuisinière, se dit Jeannette ; et s'approchant un peu (fig. 11) :

— Pardon, Madame! Pourrais-je parler à Mme Soubirade, s'il vous plaît ?

La femme releva vivement la tête.

— Tiens! mais c'est ma filleule! s'écria-t-elle joyeusement. C'est tout le portrait de sa sœur aînée.

FIG. 11. — Pourrais-je parler à Mme Soubirade, s'il vous plaît?

Et, rejetant un peu en arrière ses bras étendus, pour ne pas mouiller la voyageuse, elle se pencha et mit deux gros baisers retentissants sur les joues de Jeannette.

Malgré ce bon accueil, celle-ci paraissait toute déconcertée*.

C'est donc là Mme Soubirade! se disait-elle à elle-même avec consternation*.

Il est de fait que cette grosse femme, qui savonnait si vigoureusement le linge, ne ressemblait pas du tout à la fée de ses rêves.

Madame Soubirade remarqua très bien l'air ahuri* de la jeune fille, mais elle le mit sur le compte de la timidité.

Du reste, elle ne lui laissa pas le temps de faire de longues réflexions, et pensant que le mieux pour la mettre à l'aise était de l'occuper, elle l'emmena dans la cuisine ; là elle coupa deux larges tranches de pain sur lesquelles elle étendit une couche de raisiné*.

— Tu vas goûter, dit-elle. A ton âge, il n'est rien de tel qu'une bonne tartine pour remettre des fatigues du voyage. Après cela, tu seras alerte* à la besogne, n'est-il pas vrai? Or, tu ne pouvais arriver plus à point pour m'aider. Notre

Antoinette était un peu malade; je l'ai envoyée se reposer quelques jours chez son oncle, et j'ai tout le ménage sur les bras.

Jeannette allait de surprise en surprise. Sa marraine faisait donc elle-même son ménage!

Quand les tartines furent mangées, Mme Soubirade passa un grand tablier autour de la taille de Jeannette et la conduisit dans une petite laverie * fort propre.

— Tiens, petite, pour commencer, tu vas laver la vaisselle pendant que j'achèverai mon savonnage. Aie bien soin de ne rien casser.

Sur cette recommandation, Mme Soubirade disparut en fermant la porte.

IV. Les mésaventures de Jeannette.

Jeannette croyait rêver. De plus, elle était fort embarrassée, n'ayant jamais lavé une assiette. A la maison, c'était l'affaire de Miette!

Il fallait pourtant s'exécuter*; elle se mit à l'œuvre avec la maladresse et la lenteur de quelqu'un qui fait un métier dont il ne sait pas le premier mot.

Laver la vaisselle, ce n'est certes pas bien difficile; encore est-il bon, pour cela comme pour tout, de savoir un peu la manière de s'y prendre. Il faut rassembler à sa portée les objets à laver, pour ne point avoir à chercher les uns et les autres de tous côtés une fois qu'on a les doigts dans l'eau, faire tourner vivement et légèrement de la main gauche le plat ou l'assiette que frotte avec vigueur la main droite, rincer prestement les pièces à mesure, et ne pas les heurter en les posant dans la planche à égoutter. Faute de tous ces petits talents, très modestes, mais utiles, on s'éclabousse, on fait beaucoup de bruit, on ébrèche pas mal de pièces contre le plat à laver, on en met d'autres, à moitié propres seulement, dans l'égouttoir *, et, même en faisant de mauvaise besogne, on n'avance pas.

C'est ce qui arriva à Jeannette.

Aussi y avait-il bien longtemps déjà qu'elle était devant l'évier, quand la bonne tête rieuse de Mme Soubirade se montra dans l'entrebâillement de la porte.

— Eh bien! fillette, cria-t-elle plaisamment, est-ce que tu décores mes assiettes de peintures artistiques*? Voilà une heure et plus que je t'attends. Allons! c'est ma faute; je t'ai trop recommandé de ne rien casser ; c'est pour cela que tu es allée si lentement. Mes assiettes sont solides, quoiqu'elles soient moins épaisses que celles de Sérignan, et demain tu pourras laver aussi vite que tu le fais chez toi.

Jeannette n'osa pas dire qu'elle lavait la vaisselle pour la première fois ; mais ses vêtements, qu'elle avait mouillés à cause de sa maladresse, auraient pu le dire pour elle. Au contraire, Mme Soubirade, ses manches rabattues et sa jupe de robe remise en place, ne portait aucune trace du travail qu'elle venait de faire. Elle mit un chapeau de paille noire garnie d'une jolie touffe de violettes, jeta sur ses épaules un châle et proposa à Jeannette de lui faire faire un tour du côté du port. Quand elles passèrent dans le magasin, tous les commis saluèrent respectueusement la patronne, et Jeannette remarqua qu'elle avait tout à fait l'air d'une « vraie dame » (fig. 12).

FIG. 12. — Jeannette remarqua que sa marraine avait l'air d'une « vraie dame. »

Elle en était fort étonnée, car elle avait niaisement* pensé jusqu'alors que, pour être une dame, il fallait ne rien faire de ses mains et laisser à d'autres le soin du ménage.

Au retour de la promenade, Mme Soubirade dit qu'il fallait songer au dîner.

Elle fit passer à sa filleule un petit interrogatoire* sur ce qu'elle savait en fait de cuisine. Les réponses embarrassées de Jeannette, qui continuait à ne point oser avouer franchement son ignorance, ne lui donnèrent pas une haute idée de sa capacité.

— Allons, petite, je vois que tu n'es pas encore bien au courant. C'est dommage, car la cuisine est une chose qu'il faut absolument savoir. Quand je me suis mariée, si je n'avais pas su diriger le ménage, j'aurais été bien embarrassée. Nos magasins n'étaient pas alors organisés comme aujourd'hui; nous avions des garçons épiciers qu'il fallait nourrir; c'était une grosse affaire que de préparer les repas de tout ce monde; si je m'en étais rapportée à une domestique pour les achats et pour le reste, nous aurions fait plus de frais que de bénéfices; ce n'est qu'à force d'ordre et d'économie que nous avons pu joindre les deux bouts, les premières années. La servante la plus honnête et la plus laborieuse ne se serait jamais astreinte * aux calculs et au travail que je devais faire.

Tout en parlant, Mᵐᵉ Soubirade allait et venait dans la cuisine et Jeannette ne pouvait pas s'empêcher d'admirer la façon adroite et leste dont elle tournait un morceau de viande dans la casserole, faisait sauter les légumes dans un poêlon, remuait la soupe qui bouillait dans l'âtre *. Une chose ne lui faisait pas négliger l'autre, chacune était faite à point. Mᵐᵉ Soubirade replaçait aussi, à mesure, les ustensiles dont elle n'avait plus besoin; on ne se serait pas douté qu'un dîner se faisait dans cette cuisine si bien en ordre, sans la bonne odeur qui s'échappait de la marmite et le grésillement * du morceau de veau qui mijotait * dans son jus. Au-dessus de la table (fig. 13), la batterie de cuisine bien frottée étincelait au dressoir; plus haut, une rangée de petits pots s'alignait sur une étagère, par ordre de taille, comme

FIG. 13. — « Comme votre cuisine est jolie, marraine! »

une famille de nombreux enfants, dont le plus petit ouvre la marche, tandis que l'aîné est à l'arrière-garde.

— Comme votre cuisine est jolie, marraine! dit enfin Jeannette, et en ordre! j'avais toujours pensé que faire la cuisine était une chose fort sale...

Mᵐᵉ Soubirade se mit à rire.

— Petite niaise! est-il rien de sale quand on le fait proprement?

Jeannette, presque réconciliée avec la cuisine, voulut dès le lendemain aider à sa marraine; celle-ci semblait se donner si peu de peine quand elle préparait un repas, que la remplacer devait être, pensait la petite, la chose du monde la plus facile. Jeannette offrit donc de surveiller le dîner pendant que Mme Soubirade irait au marché. Son début ne fut pas heureux: elle laissa brûler un ragoût de pommes de terre et assaisonna une salade de haricots avec de l'huile de pétrole.

— Misère de moi! s'écria Mme Soubirade en rentrant, quelle odeur! Vite, petite, cherche une autre casserole pour y verser les pommes de terre, s'il est encore temps d'en sauver une partie.

Prestement, la marraine fit le changement d'ustensile * en ayant bien soin de ne pas toucher à la croûte noirâtre qui s'était formée au fond de la casserole.

Puis elle goûta le ragoût.

— Ce n'est pas délicieux, fit-elle avec une légère grimace, mais enfin c'est mangeable et il faut bien payer son apprentissage.

Toujours de bonne humeur, cette marraine! Cependant ses sourcils se froncèrent quand elle examina la salade; il était impossible de songer à l'utiliser: odeur insupportable, goût amer, rien ne manquait pour en faire un mets détestable, et pour cause.

— Allons! il n'y a qu'à jeter cela, dit-elle; décidément ma petite, la cuisine n'est pas ton affaire; n'en parlons plus pour aujourd'hui. Pendant que je fais une omelette au lard pour remplacer ta salade au pétrole, prends ce balai et va nettoyer la salle à manger.

Hélas! la pauvre Jeannette n'était guère plus habile à balayer qu'à laver la vaisselle ou à faire un

Fig. 14. — « Je vois bien que je ne suis bonne à rien, » s'écria Jeannette, qui éclata en sanglots.

dîner. Elle oubliait de passer dans les coins, promenait son balai sans suite de ci, de là, donnait des coups aux meubles et soulevait des flots de poussière. Mᵐᵉ Soubirade, entr'ouvrant la porte, l'aperçut dans un épais nuage.

La patience faillit lui échapper.

— Mais, ma fille, dit-elle vivement, crois-tu vraiment nettoyer en t'y prenant de la sorte? Tu déplaces la poussière, tu ne l'enlèves pas. Tout à l'heure, quand tu auras mis le couvert, elle viendra se poser dans les verres, sur les assiettes. Ce sera propre, en vérité, et mes hommes vont être contents! Un dîner manqué et une table sale, voilà ce que nous aurons à leur offrir ! »

— Ah! marraine, que je suis malheureuse! s'écria Jeannette, qui éclata en sanglots (fig. 14). Je vois bien que je ne suis bonne à rien.

Ce désespoir radoucit Mᵐᵉ Soubirade.

— Allons! Jeannette, ne te désole pas. Tu ne sais rien, c'est vrai; mais il est encore temps d'apprendre, quoique, à vrai dire, je m'étonne qu'on t'ait laissée venir jusqu'à quatorze ans sans t'enseigner l'A B C des choses les plus indispensables. Tu m'arrives ignorante comme l'enfant qui vient de naître.

— Mais, marraine, qui aurait jamais pensé que vous vous occupiez du ménage, vous qui êtes riche…

— Et voilà les sottises que l'on débite * dans ton village! Parce qu'on est riche il faut ne pas travailler, et il est inutile de savoir diriger un ménage! D'abord nous ne sommes pas riches, comme tu dis; nous gagnons largement notre vie, voilà tout. Mais pourquoi? Précisément parce que tout le monde travaille ici, moi toute la première.

« Même si j'étais assez riche pour me faire servir par des domestiques, crois-tu donc qu'il ne me serait pas utile encore, pour les commander, de connaître moi-même l'ouvrage? Une maîtresse de maison doit toujours savoir conduire un ménage et pouvoir au besoin mettre la main à la pâte pour donner l'exemple.

« Mais pour une femme qui a des domestiques, il y en a à la douzaine qui sont obligées de tout faire par elles-mêmes; il y a donc de grandes chances pour qu'on soit dans une de ces douzaines-là. D'ailleurs, le malheur n'est pas grand en vérité; quel meilleur métier peut-il y avoir pour nous et plus agréable que de bien entretenir notre maison?… »

Mᵐᵉ Soubirade ne détestait pas faire un petit sermon; il serait trop long de répéter celui qu'elle continua d'adresser sur ce sujet à sa filleule; contentons-nous de dire qu'elle le conclut * par ces mots.

— Pour moi, quand je vois une femme qui ne sait pas balayer, frotter une marmite, laver un plancher ou faire un dîner, je la prends en pitié comme je ferais d'un homme qui ne serait pas capable de planter un clou, de donner un coup de bêche dans un jardin ou de seller et de brider un cheval. Sur ce, petite, viens que je t'apprenne à faire l'omelette au lard. »

V. La bonne fée.

Il y avait deux ans que Jeannette était à Marseille, quand sa marraine, un soir du mois de septembre, lui mit dans la poche une bonne petite somme, dans sa malle des cadeaux pour toute sa famille et l'embarqua pour Sérignan, où elle devait passer un mois.

Le lendemain, la fillette arrivait chez ses parents.

On eut peine à la reconnaître.

Au départ, elle était maigrelette et un peu voûtée par le travail de l'école; sa démarche était lente et traînante, son regard indifférent.

Maintenant, c'était une robuste petite personne, aux épaules larges, aux bons bras arrondis, fortifiés et assouplis par les travaux du ménage; rien qu'à son pas léger et rapide, à ses yeux vifs et brillants, on voyait qu'elle avait l'habitude de ne pas perdre son temps et d'être attentive à tout ce qui l'entourait. Sa mère, qu'elle trouva seule à la maison, fut ravie de son air de gentillesse.

Le père ne tarda pas à rentrer.

Après les premières embrassades, il alla fouiller mystérieusement * dans son havre-sac * et en tira une belle poule d'eau; c'était un présent du garde champêtre dont il avait bêché le jardin par complaisance.

« Voilà, dit le père Mygairou en la balançant d'un air satisfait devant sa fille, on a été à la chasse pour fêter le retour de notre demoiselle. »

Mais qui allait se charger de préparer la poule d'eau? La mère Mygairou n'avait fait rôtir de gibier de sa vie et Miette était en service depuis un an chez une fermière des environs.

Jeannette retroussa ses manches, prit dans sa malle un beau tablier de cuisine et eut bientôt fait de plumer, de vider et de trousser * la bête. Celle-ci était cuite à point quand les sœurs arrivèrent de la filature de soie où elles étaient occupées. Grand fut l'étonnement de Nane et de Lise en voyant la Jeannette d'autrefois transformée * en bonne ménagère.

— Tiens! tiens! tu sais donc faire la cuisine à présent?

— Un peu, dit Jeannette. Marraine a bien voulu m'apprendre beaucoup de choses *que je ne savais pas*. On dina joyeusement (fig. 15).

Fig. 15. — On dina joyeusement.

— Dis donc, Jeannette, demanda malicieusement Lise à la fin du repas, est-ce que tu as trouvé ta marraine habillée ainsi que tu t'y attendais quand tu es arrivée à Marseille? Avait-elle une longue robe de brocart * comme les fées et une baguette à la main?

— Pas précisément, répondit Jeannette en riant; la première fois que je l'ai vue, elle portait un tablier de toile rousse pareil à celui-ci, et elle avait à la main un gros morceau de savon.

— C'est égal, dit le père, moi je tiens Mme Soubirado pour une bonne fée, puisqu'elle a fait une ménagère active d'une certaine petite fille propre à rien que je lui ai envoyée, il y a tantôt deux ans.

« Je commence à croire que l'on peut fort bien se résigner à n'avoir que des filles, pourvu, ajouta-t-il en riant à son tour, pourvu qu'elles sachent leur métier de ménagère. »

2.

II

LE MÉTIER

I. — Le choix d'un métier.

87. Lorsque vous quitterez l'école, vous devrez apprendre un métier qui vous permette de gagner votre vie.

88. Une fille, aussi bien qu'un garçon, doit être capable de **se suffire** à elle-même par son travail, afin de n'être à la charge de personne. Pour vous, comme pour vos frères, il n'y a *pas de vie honorable en dehors du travail*.

89. Choisissez de préférence le métier qui ne vous éloignera pas de vos parents.

Recherchez le travail qui peut se faire à *la maison*.

90. *L'état le plus brillant n'est pas toujours le meilleur*. Celui où l'on gagne **le plus**, n'est pas toujours le plus avantageux.

91. Quand on vous parle d'une position, ne demandez pas seulement : quel est le salaire ? mais : quelle est la **dépense** à laquelle cette position oblige ?

Jeanne, qui gagne 18 fr. par semaine, sans sortir de chez elle, est plus riche que Marie qui en gagne 25 dans un magasin où on exige de la toilette.

92. Ne visez pas **trop haut**.

Mieux vaut *très bien réussir* dans une profession modeste que *réussir à moitié* seulement dans une position plus relevée. Telle aurait fait une excellente servante de ferme, qui fera une médiocre femme de chambre à la ville. Telle serait devenue une habile modiste* qui ne sera jamais qu'une mauvaise institutrice.

93. Ayez toutefois l'ambition d'**améliorer** sans cesse votre position au moyen de votre **travail**.

94. Commencer modestement et s'élever peu à peu par ses efforts, voilà la **sagesse**.

RÉSUMÉ (à réciter).

1. J'apprendrai un métier pour être capable de gagner ma vie.

2. Je préférerai au travail dans les grands ateliers celui qui peut se faire à la maison.

3. Je n'aurai pas trop d'ambition, je choisirai un état en rapport avec mes moyens.

4. Je viserai à améliorer de jour en jour ma position par le travail.

II. — L'apprentie.

95. Vous faites l'apprentissage de votre métier dans un atelier ; il se peut qu'il y ait dans cet atelier des filles peu honnêtes, menteuses, paresseuses, effrontées *, bavardes

Ne recherchez pas la société de celles-là.

96. N'écoutez pas les **mauvais conseils** : *qui les écoute aujourd'hui, pourrait bien les suivre demain.*

Ne vous laissez pas entraîner par les mauvais exemples.

Ayez des amies parmi vos camarades, mais **choisissez**-les bien.

97. En sortant de son atelier, une fille sage se rend **directement** chez ses parents.

Est-elle chargée de faire des courses pour la maison où on l'emploie ? Elle se garde bien de se lier avec les premières venues qu'elle trouve sur son chemin.

98. Elle ne dit et ne fait rien qu'elle ne puisse raconter à ses parents, sans s'attirer leurs reproches.

99. Prenez ces bonnes habitudes pendant votre apprentissage ; vous mériterez de passer pour une jeune fille réservée, prudente, *attachée à ses devoirs* et soucieuse de sa **dignité**.

LOI. — Le patron doit se conduire envers l'apprenti en *bon père de famille*, surveiller sa conduite, soit dans la maison, soit au dehors, et avertir ses parents ou leurs représentants des fautes graves qu'il pourrait commettre.

Il doit aussi les prévenir, sans retard, en cas de maladie.

Il ne doit pas l'employer à des travaux qui seraient *au-dessus de ses forces*.

Le *travail de nuit* (de neuf heures du soir à cinq heures du matin) et le travail des *dimanches*, ne peuvent être imposés à l'apprenti.

L'apprenti doit à son patron *fidélité, obéissance* et *respect*; il doit l'aider par son travail dans la mesure de son aptitude et de ses forces.

Le patron *doit enseigner* à l'apprenti progressivement et complètement le métier qui fait l'objet du contrat.

Les *contrats d'apprentissage* peuvent être faits verbalement, par actes sous seing privé* ou par actes devant notaires (honoraires 2 fr., enregistrement 1 fr.).

RÉSUMÉ (à réciter).

1. Je ne me lierai pas sans choix avec toutes mes compagnes de travail.

2. Je prendrai mes amies parmi celles qui sont bonnes et honnêtes.

3. Je n'écouterai pas les mauvais conseils; je ne suivrai pas les mauvais exemples.

4. Je rentrerai directement chez mes parents en revenant du travail.

INSTRUCTION CIVIQUE. — **Lire :** Travail des enfants et des filles mineures dans les manufactures (p. 207) — Travail de nuit. — Travail des dimanches (p. 208).

III. — Le travail.

100. Quel que soit le métier dont vous ferez choix, apprenez-le **à fond**; Prenez pour devise la sage parole de Salomon : « Quoi que tu fasses, fais-le de ton mieux. » Ne vous contentez pas de le savoir à moitié.

101. Ne vous dissimulez pas d'ailleurs qu'il faut **exceller*** dans votre métier si vous voulez qu'il vous fasse vivre.

Si vous êtes une mauvaise ouvrière, l'ouvrage vous manquera, car *il va à qui le fait bien.*

102. Ne vous plaignez pas de la concurrence * luttez contre elle, en *faisant mieux que les autres.*

103. Ayez de la **constance***. Ne quittez pas un état pour un autre sans de bonnes et sérieuses raisons.

104. Mais soyez néanmoins capables de faire au besoin autre chose que votre travail habituel. *Ayez, comme on dit, plusieurs cordes à votre arc.*

105. Votre ouvrage ordinaire vient-il à vous manquer? N'en refusez pas un autre sous prétexte que ce n'est pas votre métier.

Acceptez même un travail inférieur plutôt que de *rester sans rien faire.*

106. *On ne s'abaisse jamais en travaillant.* Ce qui est **humiliant**, c'est de vivre, lorsqu'on doit gagner son pain de chaque jour, dans la paresse qui mène droit à la mauvaise conduite et à la **mendicité.**

107. On ne mendie pas seulement en allant demander de porte en porte du pain ou un sou ; c'est une façon de mendier que de chercher à obtenir une place avantageuse *à force de protections* et non par son propre *mérite.*

108. Demandez le moins possible aux autres ; *ne réclamez pas de faveurs.* Pour réussir dans la vie, *comptez sur vous-même,* sur votre bonne conduite, qui vous donnera la bonne réputation, sur un travail **patient** et **énergique.** C'est là le vrai moyen de succès : « Le monde est aux vaillants. »

109. Ce n'est pas seulement dans votre intérêt, en vue de votre succès personnel que vous devez faire votre métier aussi bien que vous en êtes capable. L'intérêt de tout le monde exige aussi que vous vous en acquittiez **consciencieusement.**

110. Chaque travailleur, chaque travailleuse est, dans la société, comme un rouage dans une immense montre. Si le plus petit rouage vient à mal jouer son rôle, à faire sa besogne de travers, la marche de tout le mécanisme s'en ressent. De même, dans une société où chacun travaille, *la faute d'un seul peut jeter le désordre partout.*

111. « Certes, dit peut-être tout bas une petite lectrice, on nous donne là de bons conseils; mais le moyen de les suivre tous? Dire qu'il faut exceller * dans son métier, qu'on doit très bien travailler, c'est bel et bon. Mais si cela m'ennuie de travailler, moi? »

112. Ah! voilà! *si cela vous ennuie, vous serez toujours mauvaise ouvrière.*

Savez-vous le secret pour être bonne travailleuse et pour réussir?

C'est d'**aimer le travail.**

113. Berthe n'aime pas le travail.

Elle va à l'ouvrage en rechignant*.

Elle se donne *le moins de peine possible.*

Elle fait de mauvaise besogne, qu'elle n'a aucun plaisir à regarder.

Le soir, elle se couche fatiguée quand même, et mécontente. Elle se dit : « Quel ennui de penser qu'il faudra recommencer demain, et que tous les jours de la vie ce sera la même chose! »

114. Lydie va au travail comme au jeu, de tout son cœur.

Elle n'épargne pas sa peine.

La vue de l'ouvrage qui avance et qui a bon air la réjouit.

Le soir, elle se couche bien fatiguée aussi, mais contente.

Elle se dit : « J'ai tâché de bien faire; demain je ferai mieux encore et ainsi tous les jours de la vie. »

115. Lydie n'était pas née parfaite. Elle a été bien près un jour de suivre les mauvais conseils d'une camarade peu honnête,

Mais elle aimait le travail, et *le travail a chassé les mauvaises pensées.*

116. Lydie a eu des chagrins. Elle a perdu ses parents. Elle vit seule.

Le travail ne lui fait pas oublier ses chers morts. Mais, grâce à lui, *elle ne s'ennuie jamais,* même quand elle est seule.

Oh! le bon compagnon que le travail, pour qui sait l'aimer!

Que vous le vouliez ou non, il sera le maître de votre vie; faites-vous de ce maître un ami.

RÉSUMÉ (à réciter).

1. Je tâcherai d'exceller dans mon métier.
2. Je serai persévérante. Je ne changerai pas de position sans des raisons sérieuses.
3. Je ne refuserai jamais de travail.
4. Je compterai sur moi-même.
5. Je ferai mon métier consciencieusement; j'aimerai le travail.

IV. — La prévoyance. — L'économie.

117. Quand vous serez devenue une bonne ouvrière et que votre travail sera bien payé, emploierez-vous à vos dépenses personnelles tout l'argent que vous gagnerez?

Non, vous viendrez en aide à vos parents s'ils en ont besoin. Pendant de longues années, ils ont été seuls à travailler pour vous élever, vous et leurs autres enfants. Comme vous serez fière, n'est-ce pas? le jour où vous pourrez contribuer pour votre petite part à payer les dépenses de la famille!

118. *Aidez à élever vos jeunes frères et sœurs, à leur faire apprendre un métier.*

119. Quand votre salaire augmentera, ne vous croyez pas obligée d'augmenter votre dépense dans la même proportion. Améliorez votre tenue, ne la changez pas.

120. Une fois que vous êtes pourvue du nécessaire, ne consacrez pas le reste de votre argent au superflu*. Mettez de côté le surplus de votre gain.

121. *Ayez un livret de caisse d'épargne* (fig. 16).

Il y a deux avantages à placer son argent : 1° Cet argent **travaille** ; il produit un intérêt qui vient s'ajouter à vos économies. 2° On est *moins tenté de le dépenser mal à propos* quand on ne l'a pas dans son tiroir.

Fig. 16. — L'argent placé à la caisse d'épargne travaille.

122. L'économie nous est commandée par la **prévoyance.** Tandis qu'on a la santé, alors qu'on est dans toute la force de la jeunesse, *il faut prévoir la maladie, il faut songer à la vieillesse.*

123. Sachez vous imposer quelques privations dans le présent pour ne pas manquer du nécessaire dans l'avenir.

124. Ne faites pas comme les petits enfants qui ont envie de tout ce qu'ils voient. Ayez assez de fermeté pour vous refuser à vous-même les choses trop coûteuses pour votre position.

125. Alice a quelques économies, si elle les garde et si elle y ajoute celles de l'année prochaine, elle pourra acheter une belle douzaine de chemises. Mais, en se rendant chaque jour à l'atelier, elle voit à l'étalage d'un magasin un joli manteau qui remplacerait avantageusement le châle un peu démodé qu'elle porte.

Alice est bien tentée de l'acheter. Tous les matins, elle jette un regard sur la devanture où il s'étale. Une fois, elle a posé la main sur la poignée de porte de la boutique... « Non pourtant, s'est-elle dit, ce ne serait pas raisonnable. J'ai envie de ce manteau, *mais je n'en ai pas besoin.* »

Depuis ce jour, Alice n'a plus regardé le manteau.

126. Qu'a-t-elle gagné à cette petite victoire remportée sur elle-même?

Deux choses : elle n'a pas diminué sa petite provision d'argent et elle a augmenté sa force de volonté. Une autre fois, elle résistera encore plus facilement à la tentation.

127. Faites comme Alice : ayez du **caractère**. C'est pour avoir cédé trop souvent que tant de gens sont misérables par leur faute.

128. Il dépend en grande partie de vous d'arriver, non à la richesse, mais à l'aisance.

129. Et si vous n'y arrivez pas? Si, malgré tous vos efforts, toute votre sévérité pour vous-même, vous restez pauvre? Si vous devez, pendant toute votre existence, vivre au jour le jour?

Eh bien, vous prendrez vaillamment votre parti.

On peut être pauvre et heureux. Vous supporterez gaiement la pauvreté si vous avez appris à borner vos désirs et à restreindre vos besoins.

« Ce n'est point d'avoir peu, c'est de désirer plus qu'on n'a, qui fait qu'on se sent pauvre. »

RÉSUMÉ (à réciter).

1. Je ne ferai pas de dépenses inutiles.
2. Je penserai à l'avenir; j'aurai un livret de caisse d'épargne.
3. Je viserai à restreindre mes besoins plutôt qu'à les multiplier en satisfaisant toutes mes fantaisies.
4. Si je ne parviens pas à l'aisance, je supporterai vaillamment la pauvreté.

INSTRUCTION CIVIQUE. — Lire : Prévoyance. — Assistance. — Caisses d'épargne. — Monts-de-piété. — Sociétés de secours mutuels. — Hôpitaux et hospices (p. 209).

V. — La conduite de l'ouvrière.

130. Dans les maisons où vous pourriez être occupée comme employée, comme ouvrière ou comme domestique, conduisez-vous toujours **honnêtement.**

Ne touchez jamais à ce qui ne vous appartient pas, fût-ce pour vous approprier* la chose la plus insignifiante.

Le vol domestique* est celui que la loi punit **le plus sévèrement,** parce qu'on trahit*, en le commettant, la confiance de ceux qui vous ont donné entrée dans leur maison.

Prouvez par votre **probité * scrupuleuse** que vous méritez la confiance que l'on vous témoigne.

Si vous êtes domestique, ne **trompez** pas vos maîtres sur le prix des denrées.

131. Soyez également scrupuleuse* sur **l'emploi du temps.** Maîtres ou patrons *achètent* votre temps en échange du salaire qu'ils vous donnent. Si vous gaspillez* ce temps, ou si vous l'employez à travailler pour votre propre compte, vous disposez donc d'une chose qui ne vous **appartient** plus.

132. Prenez les **intérêts** de la maison où vous travaillez, comme si c'étaient les vôtres.

133. Ne **racontez** point ce qui se passe chez vos patrons ou chez vos maîtres, ou dans l'administration qui vous occupe.

134. Ayez de la **déférence*** et du **respect** pour vos supérieurs.

Ayez aussi **confiance** en eux.

135. Ne vous figurez pas qu'on **s'abaisse** en obéissant. Rien ne serait possible dans la société sans l'obéissance. Regardez autour de vous : les êtres les plus intelligents et les plus honnêtes sont aussi *ceux qui savent le mieux obéir*.

136. Exécutez **ponctuellement*** ce qu'on vous ordonne, *que vous soyez surveillée ou non*.

137. Faites-vous aimer des personnes qui travaillent dans la même maison que vous, montrez-vous *loyale* et *bienveillante* dans vos rapports avec elles ; faites preuve en toute occasion de *bonne humeur* et de *politesse.* « La politesse, a-t-on dit avec esprit, ne coûte rien et achète tout. » Soyez *bonne camarade.* Ayez horreur de la dénonciation* ; fuyez les discussions, les bavardages et les moqueries. *Soyez bonne et serviable.*

138. Si vous vous efforcez ainsi d'accomplir vos obligations et de vivre en bon accord avec ceux qui vous entourent, votre vie de travail vous donnera la **tranquillité** de la conscience et le **contentement** de l'esprit.

LE MÉTIER.

RÉSUMÉ (à réciter).

1. Si je suis employée, ouvrière ou domestique, je serai probe, laborieuse, discrète, soumise à mes supérieurs.

2. Je me montrerai bonne et serviable pour mes compagnes de travail.

DROIT USUEL. — **Lire** : Désobéissance à la loi. — Contraventions. — Délits. — Crimes. — Complicité. — Recel. — Abus de confiance. — Vol domestique. — Discernement. — Jeunes détenues (p. 188).

DEVOIRS DE RÉDACTION. — 1. Dites quel métier vous voulez apprendre et pourquoi.

2. Énumérez tous les métiers que peuvent exercer les femmes.

3. Composez une petite histoire qui prouve la vérité du proverbe : « pierre qui roule n'amasse pas mousse. »

4. Quels sont les devoirs d'une domestique consciencieuse ?

5. Un commerçant donne un certificat à une jeune fille qu'il a employée dans ses magasins. Rédigez ce certificat où le patron énumère les qualités de sa jeune employée.

6. Deux jeunes filles, Marthe et Léontine, entrent à quinze ans dans le même atelier. Marthe est laborieuse et économe, Léontine paresseuse et dépensière. Dire ce qu'elles sont devenues l'une et l'autre au bout de dix ans.

RÉCIT II. — La promenade du nain Mautravail.

CONTE DE FÉE.

Il y avait une fois un petit nain de fort méchante espèce, appelé Mautravail *.

Personne ne l'avait jamais vu, car il ne sortait qu'à la nuit noire ; il rasait les murailles en s'aidant, pour avancer, d'une paire d'ailes qui le rendaient plus leste que ses courtes jambes. Mais là où il avait passé, il laissait trace : il suffisait qu'il soufflât sur la porte d'une maison, pour que les gens qui l'habitaient se réveillassent le lendemain mal disposés à faire leur travail.

Le nain Mautravail arriva un soir dans la grande ville de Vidoudéroum.

« Cette fois, dit-il, il faut que je me paye une journée de bon rire. Je vais si bien souffler sur quelques portes que demain toute la ville sera sens dessus dessous. »

LE MÉTIER. 45

A nuit close, Mautravail commença sa promenade. Il souffla sur la porte de cinq ou six boulangers, de plusieurs laitières, d'une petite apprentie repasseuse, de trois garçons de pharmacie, d'un employé de chemin de fer, d'une couseuse de bottines, du gardien des réservoirs d'eau de la ville, des deux cochers des docteurs X. et Z. En passant devant un

FIG. 17. — La promenade du nain Mautravail.

ministère, il hésita : « Bah ! dit-il, laissons le ministre tranquille ; il suffira bien de s'en prendre au cuisinier. » Et il souffla sur la porte de service.

« Ouf! dit le nain Mautravail, je commence à être fatigué! Mais je crois qu'en voilà assez et que je puis me reposer. Il suffira que les quelques braves gens que je viens de visiter fassent mal leur besogne pour que tout aille de travers en ville, et que je puisse m'amuser. »

Ce disant, il se mit à voleter* et alla se percher sur le clocher le plus élevé de la ville pour attendre le résultat de sa promenade (fig. 17). En sa qualité de génie*, Mautravail avait l'ouïe si fine et la vue si perçante qu'il pouvait, de là, se rendre compte de tout ce qui se passait chez les habitants.

Le jour parut et les volets commencèrent à s'ouvrir. Quelques ménagères sortirent dans les rues pour voir si les laitières n'arrivaient pas. Mais les laitières étaient en retard ce jour-là; plusieurs de celles sur la porte desquelles Mautravail avait soufflé s'étaient dit en se réveillant et en s'étirant dans leur lit : « Après tout, pourquoi ne pas dormir encore une heure? Les gens de la ville peuvent bien attendre leur lait; ce serait stupide de se donner la peine d'être vaillante pour l'amour de ces paresseux-là. »

D'autres allèrent traire en bâillant et ne rincèrent pas leurs cruches où était resté un peu de lait aigri de la veille.

Le lait tourna aussitôt qu'on le mit sur le feu. Les ménagères levaient les bras au ciel! Comment faire déjeuner leur mari et leurs enfants? Il fallut faire autre chose et tout le monde fut en retard, les uns à l'atelier, au magasin ou au bureau, les autres à l'école.

Tout à coup, au milieu des plaintes des ménagères, Mautravail distingua la voix du Dr X., gourmandant* son cocher : « Comment Victor? pas de voiture attelée à neuf heures? Et mes malades qui attendent; des maladies graves encore! quatre fièvres typhoïdes*, trois varioles*, six angines*? Oh! vous dites que vous avez oublié de donner à manger aux chevaux et qu'ils commencent seulement leur botte de foin. Mais, malheureux! savez-vous que pendant qu'il l'achèvent, mes clients* ont le temps de mourir sans moi? »

Tandis que le pauvre D^r X*. se désespère, le coupé* de son confrère Z*. sort de la remise*.

« Tiens! dit Mautravail en fronçant le sourcil, est-ce que j'aurais oublié ce cocher-là ou bien n'aurai-je pas soufflé assez fort? Mais bientôt le méchant nain se déride* et se frotte les mains : le cheval s'emporte, renverse une ou deux charrettes de maraichers * sur son passage et finalement casse brancards et voiture. C'est qu'un fer mal posé l'a blessé et rendu furieux ; le cocher s'est bien aperçu, le matin, en le pansant * qu'il faudrait le conduire au maréchal ferrant ; mais, en garçon négligent, il a renvoyé au lendemain. Son maitre en sera pour sa voiture brisée et quelques fortes contusions * qui l'obligent à rentrer chez lui. Les clients du Dr Z. * vont l'attendre en vain comme ceux du Dr X. * et gémir en l'absence de leur médecin, si ce n'est mourir faute de soins. »

Maintenant voilà le nain Mautravail qui rit à se tordre : il aperçoit un gros commerçant qui met des bottines neuves pour aller à un rendez-vous d'affaires ; l'ouvrière a si mal cousu les boutons que pas un seul n'a tenu. Le commerçant tempête et frappe du pied ; pour un bout de fil mal arrêté il va manquer son rendez-vous et perdre l'occasion de conclure une magnifique affaire.

Mais qu'est-ce que ce grand émoi en ville ? On court, on crie : c'est le réservoir des eaux, dont le gardien a mal surveillé les robinets, qui déborde sur la ville ; déjà tout un faubourg est inondé, les habitants quittent avec effroi leurs maisons envahies par l'eau. Toute la garnison est sur pied ; on ne parvient qu'avec peine à conjurer * le désordre causé par la négligence d'un seul.

Cependant, les boulangers visités par Mautravail ont pétri de si mauvais pain que chacun se plaint de lourdeur d'estomac, de digestion pénible ; les pharmaciens ne sont occupés qu'à remplir de petites fioles d'élixir * digestif. Deux des garçons de pharmacie, sur la porte desquels le nain a soufflé, se trompent de liquide et mettent étourdiment dans les bouteilles l'un de la benzine *, l'autre une drogue fort amère.

« Pouah ! s'écrient les clients en débouchant leurs flacons et en flairant ou goûtant du bout du doigt le contenu. Le pharmacien se moque-t-il de nous ? Et fort en colère, ils renvoient les fioles et gardent leur mal d'estomac. Le troisième garçon distingué par Mautravail a fait pis en préparant distraitement le mélange : à peine le client l'a-t-il absorbé qu'il est pris de convulsions * affreuses. « Empoisonné ! » s'écrie le malheureux. « Empoisonné » répète toute sa famille terrifiée. En effet, le garçon a mis étourdiment un poison violent à la place d'un des ingrédients * de l'élixir.

On court chez le médecin ; il arrive et par bonheur juste à temps pour administrer un contre-poison. Le patient en sera quitte cette fois pour la peur et pour avoir été purgé d'importance comme jamais ne le fut maître Argan* lui-même. Il ne trouve point l'aventure fort drôle. Le méchant nain au contraire rit toujours à se tordre au sommet de son clocher.

Mais bientôt autre chose attire son attention. Dans une petite chambre, un jeune homme achève sa toilette devant un miroir ; tout en brossant ses cheveux blonds, il se regarde avec complaisance ; il sourit, il est rayonnant. C'est qu'il se prépare à aller demander une jeune fille en mariage. Il ne lui reste plus qu'à passer sa cravate de mousseline blanche. Hélas ! la petite repasseuse qui vient de la rendre en a eu si peu de soin qu'elle est froissée, défraîchie, avec une grosse tache au beau milieu du nœud. « Impossible de me présenter avec un pareil haillon* autour du cou, s'écrie le jeune homme. Que diraient les parents de ma future ?

Il arrache la cravate avec dépit, court en acheter une neuve et arrive trop tard chez son futur beau-père qui est parti cinq minutes avant pour un voyage. Le jeune homme n'est plus rayonnant.

« Oh ! le bon tour ! ricane Mautravail. Dire qu'il suffit de deux ou trois coups de fer à repasser mal donnés et d'un peu de poussière de charbon pour faire peut-être manquer un mariage ! »

En ce moment un bruit formidable s'élève du côté du chemin de fer. Un employé a mal placé les signaux pour la voie : deux trains viennent de se rencontrer sous un tunnel. Justement, le train express vient de quitter la gare ; quelle catastrophe s'il a été culbuté ! Les employés vont et viennent affolés de peur ; dans les ténèbres du tunnel, les voyageurs de l'express, assourdis de bruit, aveuglés de poussière et de fumée, croient leur dernière heure venue ; il leur faut du temps pour reconnaître qu'ils ne sont pas en mille pièces, que leurs wagons n'ont pas été touchés et que les deux trains qui se sont broyés l'un l'autre étaient des trains de marchandises chargés, l'un de pains de sucre, l'autre de tonneaux d'huile. Impossible de rien sauver du désastre : débris de sucre nagent au milieu de flots d'huile. La négligence de l'employé coûte une jolie somme à la compagnie qui a fait le chargement !

« Eh! eh! dit Mautravail, voilà une assez jolie journée en vérité! Mais quel est ce beau carrosse que je vois rouler là-bas? C'est celui de l'ambassadeur d'un pays voisin qui est venu pour conclure un traité important avec le ministre. On n'est pas encore tout à fait d'accord. Le ministre a invité à dîner, pour ce soir, l'ambassadeur*, qui est un gourmand et qui a entendu dire dans son pays qu'on fait en perfection la cuisine française à Vidoudéroum. Au fond de son carrosse, l'ambassadeur ne peut s'empêcher de songer, avec une satisfaction secrète, qu'il va goûter à cette cuisine tant vantée. De son côté, le ministre se dit qu'après son bon dîner, il décidera tout doucement l'ambassadeur à signer le traité. »

Mais quoi? Mautravail n'a pas oublié la porte du cuisinier en faisant sa tournée. Le potage est trop salé, les sauces sont manquées, les rôtis brûlés, les entremets sucrés exécrables. En sortant de table l'ambassadeur dit à son secrétaire : « Non, décidément, je ne signerai pas le traité. Cette nation ne m'inspire pas de confiance. Songez donc, mon cher; si elle ne tient pas mieux ses promesses que sa cuisine ne justifie sa réputation?... » En effet on apprit quelques heures après par les journaux la rupture des négociations.

Le nain Mautravail, lui, s'était tenu parole : il avait mis toute la ville sens dessus dessous.

Heureusement, il y avait une bonne fée qui se chargeait d'habitude de réparer le mal que faisait le vilain nain. C'était la fée Conscience, qu'on ne voyait jamais non plus, mais dont on pouvait entendre, en écoutant bien, la petite voix claire.

Elle vit que sa présence était bien nécessaire à Vidoudéroum ce jour-là. Quand la nuit fut venue, elle fit aussi sa tournée, murmurant à l'oreille de tous la même chose :

« Qui que tu sois, petit ou grand, *fais ton devoir*. D'une légère faute naît souvent un grand malheur. »

Les jours se suivent et ne se ressemblent pas.

Le lendemain tous les habitants firent bien leur travail et il n'arriva rien de fâcheux dans la ville.

III

LE MÉNAGE

I. — La jeune femme.

139. Rien n'est plus désirable pour une jeune fille que de devenir la **bonne** et **digne femme** d'un brave homme.

140. Mais pour être cette bonne et digne femme, vous aurez des devoirs à accomplir : *il faut apprendre à les connaître*, il faut les étudier comme vous venez d'étudier vos devoirs d'écolière, de fille, de sœur.

141. Le jour où vous vous marierez sera **le plus important** de votre vie; ce jour-là, vous vous associerez à votre mari pour fonder une maison où des enfants seront élevés à leur tour comme vous êtes élevées vous-mêmes en ce moment dans la maison de vos parents.

142. En vous mariant, vous promettrez à l'homme que vous épouserez votre affection et votre dévoûment.

143. Vous vous engagerez, votre mari et vous, à rester **unis** dans la bonne et dans la mauvaise fortune.

C'est une belle et solennelle promesse; elle signifie que, quoi qu'il arrive, que vous soyez bien portants ou malades, riches ou pauvres, heureux ou malheureux, vous devez vous **aider** et vous **soutenir** l'un l'autre, tout **partager**, tout vous **confier**.

144. Si vous faites cela, dans les grandes et dans les petites choses, *vous serez très forts pour triom-*

pher *des difficultés de la vie*. On porte aisément à deux, surtout quand on s'aime, le fardeau sous lequel un seul serait écrasé.

145. Pour que cette union existe, il faut qu'il y ait entre le mari et la femme une **confiance** complète.

146. Vous obtiendrez la confiance de votre mari en montrant du **jugement**.

147. Votre mari aime-t-il à vous consulter? Donnez-lui votre avis simplement, modestement; si vous combattez le sien, que ce soit *avec mesure*.

148. N'a-t-il pas suivi vos conseils et s'en est-il mal trouvé? Gardez-vous de laisser échapper des paroles comme celles-ci : « Je vous l'avais bien dit!... Si vous m'aviez écoutée!... » Il ne vous en écouterait pas mieux une autre fois et vous l'irriteriez inutilement.

149. Si vous avez quelque reproche à adresser à votre mari, faites-le **avec douceur;** il en sera plus touché que si vous y mettiez de l'aigreur et de la colère.

150. En use-t-il autrement avec vous? Vous adresse-t-il de trop vifs reproches?

Suivant les cas, montrez-lui avec calme que ses reproches sont **injustes**, ou *gardez le silence* pour laisser à sa mauvaise humeur le temps de se dissiper d'elle-même.

Mais ne répondez jamais à la colère par la colère. Un seul mot blessant, prononcé dans un moment d'irritation, suffit quelquefois pour **troubler** le ménage le plus uni.

« *Plus blesse mauvaise parole qu'épée affilée;* » — « *Qui sème le vent récolte la tempête.* »

151. Quand on se marie, on s'épouse avec ses **défauts** comme avec ses **qualités**. Il faut que chacun des époux supporte de son mieux les défauts de l'autre.

Qu'aucun sacrifice ne vous coûte pour maintenir entre vous l'**union**.

RÉSUMÉ (à réciter).

1. Une femme qui comprend bien ses devoirs est affectueuse et dévouée.
2. Elle reste unie à son mari dans la bonne et dans la mauvaise fortune.
3. Elle l'aide et le soutient en toute occasion.
4. Elle a confiance dans son mari et n'a pas de secrets pour lui.
5. Elle lui donne son avis avec simplicité.
6. Elle lui parle toujours avec douceur, même et surtout quand elle a quelque reproche à lui adresser.
7. Elle évite soigneusement les querelles qui ébranlent l'union et détruisent l'affection mutuelle.

DROIT USUEL. — Lire : Mariage. — Publications. — Consentement des parents. — Célébration du mariage. — Aliments dus aux parents. — Régime de la communauté pour les biens. — Régime dotal (p. 192).

II. — La tenue de la jeune femme. — Le foyer.

152. Remplir strictement* les devoirs dont nous venons de parler ne suffit pas pour être une bonne femme.

Une bonne femme doit encore **plaire** à son mari.

153. Une femme *plaît* quand elle est proprement mise et bien coiffée ; elle *déplaît* quand elle a une toilette négligée et une chevelure en désordre.

Une femme *plaît* quand elle a une physionomie avenante et gracieuse ; elle *déplaît* quand elle a un air revêche* et maussade.

154. Ne vous figurez pas que les petits agréments extérieurs soient sans importance. Un mari sait toujours gré à sa femme d'être tirée à quatre épingles, et de lui montrer un *visage aimable et souriant* quand il rentre au logis.

155. Rappelez-vous qu'il y rentre souvent fatigué et préoccupé du travail et des mille soucis de la journée; il a besoin d'un bon accueil qui lui fasse oublier ces soucis.

156. Avec le repos et le calme, il lui faut encore trouver chez lui la **gaieté**. Une bonne femme égaye son mari par son humeur *joyeuse* et *vaillante*.

157. Cette femme-là voit et fait voir les choses du **bon côté**. Son mari est-il aux prises avec une affaire désagréable? se trouve-t-il dans un embarras dont il lui semble qu'il ne pourra jamais sortir? « Bah! lui dit-elle, tout s'arrangera; le temps amène bien des changements. *On n'est jamais resté au milieu d'une semaine.* Dans quinze jours peut-être nous sourirons de ce qui nous parait aujourd'hui insupportable. »

C'est une perte d'argent qui afflige son mari? « Ne te désole donc pas, dit elle. *Plaie d'argent n'est pas mortelle.* Avec du travail, le mal sera vite réparé. »

Si l'on savait quelle force peut donner une parole d'encouragement et de confiance ainsi placée à propos.

158. Veillez aussi à l'agrément de votre demeure; **ornez-la** si vous voulez que l'on s'y plaise : c'est votre devoir et c'est votre intérêt.

Un homme revient avec déplaisir dans sa maison, si elle est **malpropre** et en **désordre** et si on n'y a fait aucun préparatif pour son retour; il ne tarde pas à abandonner pour le *café* ou *le cabaret* un foyer si peu attrayant.

159. Au contraire, dans un intérieur bien ordonné,

reluisant de propreté, où tout est rangé avec goût, chaque chose semble souhaiter la bienvenue au mari et lui dire :

« Reste ici ; c'est pour toi qu'on nous a faits si propres et si jolis. La ménagère a songé à ton retour. Pendant ton absence, elle a tout préparé pour *ton bien-être et ton plaisir.* »

RÉSUMÉ (à réciter).

1. Une bonne femme cherche à plaire à son mari par sa toilette soignée et sa physionomie gracieuse.

2. Elle lui fait un bon et joyeux accueil quand il rentre.

3. Elle tient la maison en ordre et l'orne de son mieux pour que son mari s'y sente heureux et content.

III. — La place de la jeune femme. — Rapports avec le dehors.

160. La véritable place d'une jeune fille ou d'une jeune femme est *dans la maison.*

Moins elle en sortira, sauf pour aller à son travail ou à ses affaires, plus elle aura de chances de s'en bien trouver, ainsi que les autres.

161. Une jeune femme qui comprend ses devoirs a trop à faire chez elle pour sortir souvent ; *elle est toujours pressée de rentrer*, pour vaquer à ses occupations.

162. L'habitude de rechercher sans cesse la société des voisins, de s'attarder à causer avec chacun, fait **perdre** un temps précieux.

163. Quand il vous arrive de causer avec des personnes de votre connaissance, ne laissez jamais la conversation devenir du **bavardage**.

164. Soyez **réservées**. Ne racontez pas vos affaires à tout le monde.

Si vous avez eu quelque discussion dans votre intérieur, n'allez pas, dans un premier moment d'irritation, en faire confidence à des étrangers.

Ne divulguez* pas les griefs que vous pouvez avoir contre les vôtres ; vous les exagéreriez sans le vouloir en les racontant, et peut-être aussi rencontreriez-vous des gens plus disposés à exciter votre ressentiment qu'à le calmer.

165. Soyez **discrètes**. Les affaires d'autrui ne nous regardent pas. Il ne faut pas plus chercher à découvrir les secrets des autres en questionnant ceux qui pourraient nous les livrer, qu'il ne faut aller regarder par le trou de leur serrure : ces deux actions sont également indiscrètes et blâmables.

166. Soyez **prudentes**. On peut faire beaucoup de mal, souvent sans le vouloir, en répétant à la légère ce que l'on entend dire. Bien des querelles de ménage, des divisions de famille et entre amis n'ont pas d'autres causes que la curiosité, le bavardage et les exagérations de gens peu scrupuleux.

167. *Parlez des autres le moins possible*, et, quand il vous arrive de le faire, que ce soit toujours avec **bienveillance**.

Ne croyez pas facilement le mal quand il s'agit de votre prochain.

168. Rappelez-vous que nuire à la réputation de quelqu'un est une *mauvaise action*.

RÉSUMÉ (à réciter).

1. La place d'une femme est dans sa maison, non dans la rue ou chez les voisines.
2. Le *bavardage* avec les unes ou les autres fait perdre du temps et peut causer de grands maux.
3. Une femme sensée se montre réservée, discrète, prudente dans ses propos, bienveillante envers le prochain.

IV. — La ménagère.

169. Il y a cinq ou six ans, vous trouviez très amusant de jouer *au ménage*; vous faisiez la cuisine de vos poupées.

170. Lorsque vous serez grandes et mères de famille, vous tiendrez un vrai ménage et vous ferez la cuisine... pour d'autres que pour les poupées.

171. Ce sera beaucoup plus difficile.

Les poupées ne se plaignent pas, quand le dîner est mal réussi.

Le mari sait très bien faire la grimace, quand sa femme lui sert un mauvais plat.

172. Voilà, par exemple, Victor Durand qui a remis ce matin, à sa femme Gertrude, 3 francs pour faire ses achats au marché.

Il s'était donné beaucoup de peine, lui, pour gagner ces 3 francs.

173. Mais Gertrude ne s'en est point donné du tout pour les employer. Elle a *mal choisi* ses provisions; elle a commencé *trop tard* à préparer le repas; elle n'a *pas bien surveillé* ce qui cuisait sur le fourneau; elle est d'ailleurs très ignorante en cuisine et ne sait pas faire la moindre sauce.

174. Aussi son dîner est détestable et Victor bien mécontent. Pour peu que cela dure, il ne tardera pas à prendre le parti d'aller manger au cabaret.

175. Vous ne voulez pas être aussi mauvaises cuisinières que Gertrude quand vous serez grandes?

Voyons comment vous vous y prendrez pour faire autrement qu'elle.

RÉSUMÉ (à réciter).

1. Un des principaux devoirs d'une femme est de faire bon emploi des ressources du ménage.

LE MÉNAGE.

2. Elle doit tirer parti de tout et ne rien dépenser inutilement, c'est-à-dire être *bonne ménagère*.

V. — Au marché.

176. Pour faire de la bonne cuisine, il faut avoir de bonnes provisions; *il faut savoir acheter.*

La ménagère qui sait acheter est celle qui choisit bien et ne paye pas trop cher. Amélie s'y entend parfaitement (fig. 18).

177. Elle n'arrive au marché ni **trop tôt**, ni **trop tard**. *Trop tôt*, on paye cher; les prix ne sont pas encore établis; *trop tard*, on n'a rien de frais; on trouve ce dont les autres n'ont pas voulu.

178. Amélie commence par faire un tour et par *jeter un coup d'œil* partout, sans rien acheter.

FIG. 18. — Amélie choisit bien et ne se laisse pas tenter par ce qui est trop cher pour sa bourse.

179. Elle avait projeté de prendre une poule pour le pot-au-feu du dimanche; mais il n'y en a que quelques-unes sur le marché et elles sont par conséquent hors de prix : ce sera pour une autre fois; on fera le bouillon de dimanche avec du bœuf.

180. Elle comptait acheter des herbes : épinards ou oseille. Celles qu'on lui offre ne sont pas fraîches; or, la fraîcheur du légume fait la moitié de son prix. Amélie se rabat sur des choux qui feront un excellent plat. Avec un morceau de salé sous lequel elle les servira, ce sera un repas complet. Les navets sont bon marché ce matin et ils se con-

3.

servent facilement; elle en achète pour deux ou trois fois.

181. Et ainsi fait Amélie pour tout le reste, *n'achetant rien au hasard*, calculant à mesure comment elle tirera parti de ce qu'elle choisit, *ne se laissant pas tenter par les choses chères* que d'autres peuvent remplacer.

182. Mais tout ne s'achète pas au marché. Comment s'y prend Amélie pour les emplettes qui se font en boutique, pour l'épicerie, par exemple?

183. Oh! pour cela, Amélie s'est fait un système. Au commencement, elle allait chercher à mesure chez l'épicier une livre de sel, une burette d'huile, un « quart » de vermicelle ou de riz.

Souvent il fallait attendre son tour; l'heure du dîner s'en ressentait. Amélie trouvait qu'elle *perdait beaucoup de temps* en courses continuelles.

Fig. 19. — L'armoire aux provisions.

184. Maintenant, dès qu'elle a assez d'argent — car Amélie n'achète jamais à crédit — elle *fait une petite provision* d'épicerie (fig. 19).

185. De cette façon, elle n'a pas besoin de courir chez le marchand au moment du repas pour une pincée de poivre ou un verre de vinaigre.

186. *L'économie de temps* vaut bien la petite avance d'argent qu'il lui faut faire.

RÉSUMÉ (à réciter).

1. La bonne ménagère choisit bien ses provisions.

2. Elle n'achète rien au hasard; elle s'entend à connaître la qualité des denrées.

3. Elle ne se laisse pas tenter par les choses trop chères pour sa bourse.

4. Elle a chez elle quelques provisions afin de ne pas perdre trop de temps en courses.

5. Elle évite d'acheter à crédit.

VI. — Devant le fourneau.

187. Le fourneau chauffe. Il ne fume pas, car il est bien nettoyé (fig. 20, p. 63).

188. Amélie allume son feu de bonne heure : elle le dirige avec soin *pour ne pas brûler trop de charbon* et, de la sorte, le dîner ne risque pas d'être en retard.

On sait gré à la cuisinière d'être exacte.

189. Aujourd'hui, Amélie fait un pot-au-feu ; dans une marmite bien frottée, elle met un morceau de viande, entremêlé de gras et de maigre, et quelques os ; elle verse de l'eau froide dans son pot.

Quand la marmite aura bouilli un certain temps, elle *salera* et *ajoutera des légumes*.

Tout en travaillant, elle aura soin que le pot-au-feu *bouille toujours doucement*.

190. Ce soir, quand son mari rentrera au logis, une odeur de bon bouillon lui annoncera qu'il va, tout à l'heure, trouver sur la table de quoi se restaurer[*].

191. Mais on ne peut pas mettre le pot-au-feu tous les jours.

Deux ou trois fois par semaine au moins, Amélie fait *d'excellentes soupes de légumes assaisonnées de lard* ; elle mêle aux pommes de terre, tantôt du chou, tantôt des navets, des carottes, des haricots ou une poignée d'oseille hachée.

192. Tout cela, *bien cuit* ensemble, pendant près de deux heures, fait la soupe à la fois la plus **économique** et la plus **savoureuse*** qu'on puisse manger.

193. Après deux assiettées de cette bonne soupe-là — car on en redemande toujours — et un morceau de lard sur une grande tranche de pain, on n'a plus besoin de grand'chose.

194. Aussi, Amélie ne plaint pas sa peine pour éplucher les légumes et mettre la marmite au bon moment.

195. Les jours où elle est par trop pressée, elle fait lestement une **soupe à l'oignon sauté** ou *aux carottes roussies*, ou bien encore *au fromage*, quand elle veut régaler son monde. De temps en temps, c'est un *riz au lait* bien crémeux .

196. Amélie aime à *varier*; pour que les enfants ne se lassent pas de la soupe, il faut, dit-elle, ne pas leur servir toujours la même.

197. Il est de fait que ses trois enfants, la petite Rosa et ses frères, n'en laissent jamais une cuillerée dans leur assiette.

198. Amélie n'aime pas beaucoup les *sauces* : la viande **bouillie** ou **rôtie**, avec quelques légumes pour grossir le plat, lui semble valoir mieux pour la santé.

199. Cependant, quand elle a un reste de viande, elle sait fort bien l'accommoder en **ragoût**, avec une bonne sauce brune aux cornichons, relevée d'un filet de vinaigre.

200. Cela lui permet de servir sa tablée* avec un morceau qui n'aurait pas suffi, si elle l'avait présenté tout sec, et son mari lui dit souvent en riant : « Femme, c'est pour toi qu'on a imaginé le dicton : « *la sauce est meilleure que le poisson.* »

201. Elle fait aussi pour les légumes des *sauces blanches*, qui sont de vraies crèmes.

Un peu de beurre au fond d'une casserole, une cuillerée de farine, du lait et de l'eau mélangés qu'on ajoute peu à peu, en tournant lentement, et voilà une sauce très nourrissante préparée en quelques minutes et moyennant quelques sous.

202. Je ne vous dirai pas tout ce que sait encore faire Amélie ; ce serait long. Et pourtant, elle a tout appris seule. Comment?

203. Avec un peu d'**imagination** pour composer les repas ;

De l'**intelligence** pour accommoder ensemble les choses qui se conviennent ;

Du **bon sens** et du **soin** dans tout ce qu'elle fait.

204. Imitez-la quand vous aurez un ménage.

205. C'est le devoir de la ménagère de faire une bonne cuisine.

206. L'homme qui *travaille*, les enfants qui *grandissent* ont besoin d'être **bien nourris**.

207. Et ne croyez pas que la « bonne nourriture » consiste en *friandises*, en *mets délicats et recherchés*.

Non ; elle consiste en aliments *bien choisis* et *bien préparés*.

208. Ces aliments ne coûtent pas plus cher que d'autres.

Si vous regardiez les comptes de ménage d'Amélie, vous verriez qu'une femme active et intelligente sait faire « Bonne chère avec peu d'argent. »

RÉSUMÉ (à réciter).

1. La bonne ménagère sait faire la cuisine; elle dirige le fourneau avec économie; elle fait les repas pour l'heure

exacte; elle ne craint pas de se donner de la peine pour préparer de bons aliments.

2. Elle sert tous les jours de la soupe à un des repas au moins; mais elle ne fait pas tous les jours la même.

3. Elle connaît beaucoup de recettes différentes.

4. Elle ne laisse rien perdre et elle met à profit le plus petit reste.

5. Elle apporte de l'intelligence, du bon sens et du soin à tout ce qu'elle fait.

VII. — La table de famille.

209. Le dîner est prêt. Il faut le servir.

210. Sur une table en désordre, mal époussetée, couverte de verres et d'assiettes posés au hasard ? Certes non; sur cette table-là, le meilleur repas paraîtrait mauvais.

211. Voyez celle à laquelle on va s'asseoir chez nous :

La table est au milieu de l'appartement. Pas de nappe, mais le bois est si bien frotté qu'il reluit comme un miroir.

212. L'assiette du père et celle de la mère sont posées bien en face l'une de l'autre; celles des enfants, entre les deux, à des distances égales.

213. A côté de chaque assiette, un verre aussi clair que s'il était en cristal*, un couteau, une fourchette de fer.

214. Sur chaque assiette, un morceau de pain, afin que le père n'ait pas la peine d'en couper pour toute la famille dès qu'il sera assis.

215. En face de la carafe, une bouteille de vin, près de la place du père.

216. La petite Rosa, qui a cueilli un bouquet de pâquerettes* en revenant de l'école, s'est dressée sur la pointe des pieds et l'a placé sur la table, en face de la salière.

« C'est beau! dit-elle. C'est bien en ordre. » Pendant ce temps, les frères ont apporté des chaises.

217. Amélie entre par une porte avec la soupière, son mari par l'autre (fig. 21).

Celui-ci jette un coup d'œil sur la table.

« Tiens! tiens! est-ce que nous avons le Président de la République à dîner que ce soit si beau ici! »

Fig. 20. — Tout sera prêt à sept heures.

Fig. 21. — A table! à table!

Tout le monde rit.

« C'est toi, papa, crient les enfants, c'est toi qui es le Président aujourd'hui.

On se met à table gaiement.

218. Croyez-vous que ces braves gens-là ne dîneront pas de meilleur appétit que si la table était **sale** et mal **rangée** ?

219. La ménagère qui néglige tout, semble dire aux siens : « *C'est bien bon pour vous !* »

Celle qui soigne tout semble dire, au contraire : « *Rien n'est trop bien fait pour vous*, mes chers amis. Je ne plains jamais la fatigue que je me donne pour que nous soyons contents ensemble à *la maison !* »

RÉSUMÉ (à réciter).

1. Si l'on me charge de mettre le couvert, j'essuierai soigneusement la table avant d'y rien poser.
2. Je disposerai les assiettes, les verres, les bouteilles avec symétrie.
3. Je placerai un morceau de pain à côté de chaque assiette.
4. Je mettrai une chaise devant chaque couvert.
5. Je donnerai à toute la table un air d'ordre et d'agréable arrangement, propre à réjouir les yeux de la famille qui va s'asseoir autour elle.

VIII. — La veillée de la ménagère. — Les comptes.

220. Tout le monde dort dans la maison. Seule, la ménagère veille encore (fig. 22).

221. Sur la table, devant elle, est ouvert son livre de comptes. *Elle note ce qu'elle a dépensé* dans la journée. Vous direz peut-être que cela n'empêche pas son porte-monnaie d'être à peu près vide ; oui, mais elle sait au moins à quoi l'argent a été employé.

Fig. 22. — Amélie note les dépenses du jour et pense à celles du lendemain.

222. Elle trouve que le ménage en a pris beaucoup aujourd'hui. On a eu, ce matin, un légume nouveau qui était un peu cher ; demain elle servira des pommes de terre qui coûtent beaucoup moins ; *cela fera compensation.*

223. C'est qu'il faut être **rigoureusement** économe pour les dépenses alimentaires *; ces dépenses se renouvellent sans cesse et si l'on dépasse ses ressources, ne fût-ce que de quelques sous chaque jour, on se trouve avoir dépensé à la fin du mois une bonne somme de plus.

224. Et puis, il n'y a pas à pourvoir au ménage seulement. L'hiver approche.

Les enfants auront bientôt besoin de *vêtements chauds.*

Il faudra faire une *provision de charbon.*

Dans trois semaines, le moment sera venu de *payer le propriétaire.*

225. La ménagère calcule quelle somme lui sera nécessaire pour ces diverses dépenses. Elle s'arrange pour n'être pas **prise au dépourvu***.

Elle fait son budget* ; d'un côté les *recettes*, de l'autre les *dépenses.*

226. Avec quel soin elle pèse chaque dépense, la brave femme ! Son mari se fatigue tant pour apporter un peu plus d'argent à la maison !

Elle veut *que pas un sou ne soit employé à la légère.*

227. Il le faut bien pour « joindre les deux bouts » et surtout pour arriver à se créer une *petite épargne.*

On n'est pas sûr de pouvoir travailler toujours. La maladie peut venir, le chômage.

La ménagère ne sera tranquille que lorsqu'elle aura quelques économies, placées **sûrement**.

228. La mère de famille a fini ses comptes. *Elle fait le tour de la maison* pour s'assurer que tout est en ordre, regarde si le feu est éteint, la porte bien fermée, les fenêtres bien closes, le buffet aux provisions à l'abri des visites du chat.

229. Puis, après quelques instants donnés au recueillement, elle va dormir, elle aussi, non sans souci, mais contente pourtant.

Elle a fait ce qu'elle a pu jusqu'à la fin de la journée, et demain elle reprendra vaillamment sa tâche. Elle est si courageuse, la bonne ménagère!

RÉSUMÉ (à réciter).

1. La ménagère ne se couche pas sans avoir fait ses comptes; elle note tout ce qu'elle a dépensé dans la journée.

2. Elle fait son budget : elle règle sa dépense avec une stricte économie.

3. Elle n'emploie pas à la légère fût-ce la plus petite somme.

4. Elle s'efforce d'ajouter chaque jour quelque chose à son épargne.

IX. — La ménagère commerçante.

230. Le mari de Geneviève est couvreur-plombier-chaudronnier. Nul mieux que lui n'établit une toiture; nul n'étame les casseroles avec plus de soin.

231. Un jour, Geneviève a dit à son mari : « Si tu voulais, avec les quelques économies que nous avons là, je pourrais louer la boutique d'à côté et ouvrir un magasin d'articles de ménage. »

232. Le mari y a consenti; la boutique est ouverte depuis un an et chacun, dans le village, se félicite de la bonne idée de Geneviève.

233. C'est qu'il faut voir aussi comme cette boutique est **propre et bien tenue**. Les casseroles, les pincettes, les seaux, les pelles sont rangés chacun à sa place.

234. Au petit jour, on voit Geneviève mettant de l'ordre à la devanture de sa boutique, afin que les lampes bien rangées, les chenets brillants, disent aux passants : Entrez dans ce magasin, vous y serez bien servis.

235. Voici en effet une dame qui entre.

— Bonjour, Madame, dit Geneviève; que vous servirai-je aujourd'hui?

— Je voudrais une forte pelle à feu, répond la dame, mais je crains que vous n'en ayez pas d'assez grande.

— En effet, je n'en ai pas; mais je vais en faire venir, et dans huit jours elles seront ici.

Et huit jours après, **très exactement**, la pelle était arrivée. *L'exactitude est une précieuse qualité dans le commerce.*

236. — Madame, dit une autre, cet arrosoir que vous avez réparé fuit encore.

— Je le regrette, Madame; laissez-le-moi; demain matin il sera ressoudé. Ma fille vous le portera, car je ne veux pas que vous vous dérangiez deux fois par ma faute.

Et la dame s'en va, très satisfaite de **l'amabilité** de Geneviève.

237. Geneviève donne toujours le poids; elle fait connaître à ses clientes les avantages ou les inconvénients de tel ou tel article et *ne présente comme solide et bon que ce qui est réellement solide et bon.*

238. Geneviève **fait sa caisse** tous les jours; elle marque sur un livre les ventes qu'elle a faites, l'argent qu'elle a reçu et celui qu'elle a donné.

Elle prend note des marchandises qui lui manquent et s'arrange de façon à faire, en une seule commande, un envoi qu'elle puisse faire expédier par *petite vitesse*, afin de diminuer les frais de transport.

239. Elle paye ses marchandises **comptant**, afin de pouvoir bénéficier de l'escompte*.

240. Elle s'adresse aux **fabricants** eux-mêmes

et non à des intermédiaires*, afin de pouvoir acheter ses marchandises à *meilleur compte*.

241. Obligée souvent de vendre à crédit, elle s'arrange de façon à **faire rentrer** très exactement ses créances* en réglant toutes les semaines ou tous les mois.

RÉSUMÉ (à réciter).

1. La bonne commerçante veut que sa boutique soit propre et bien tenue.

2. Elle fait toujours bon accueil à ses clientes, qu'il s'agisse soit de vendre de la marchandise, soit de reprendre un article qui ne fait pas l'affaire.

3. Elle est ponctuelle, honnête, consciencieuse.

4. Elle tient exactement sa comptabilité, réalise les économies possibles, paye comptant ce qu'elle achète et fait rentrer les ventes à crédit.

DROIT USUEL. — **Lire :** Commerce. — Consentement du mari. — Livres de commerce. — Faillite. — Banqueroute. — Tromperie sur la marchandise. — La punition (p. 200).

X. — La ménagère à la campagne.

242. A la ville, la ménagère n'a que les gens de la maison à nourrir ; à la campagne, elle a un surcroît de besogne : dans l'écurie, dans l'étable, à la basse-cour sont aussi des convives qui demandent leur pâture (fig. 23).

440. Durant la belle saison, vaches, chèvres et moutons vont

Fig. 23. — Rosalie, la bonne fermière.

chercher cette pâture au dehors; on les conduit au pré ou dans les champs, où ils trouvent la table toute servie.

243. Rosalie, qui est une fermière intelligente, veille à ce qu'on ne les y conduise pas *mal à propos*. Par exemple, les jours de forte rosée, elle ne fait pas sortir les bêtes *de trop bonne heure*.

244. Elle a soin qu'on ne laisse pas *trop longtemps* le bétail dans un champ de *trèfle* ou de *luzerne* : les brebis, les vaches pourraient en revenir **météorisées** *.

245. A l'époque de l'année où l'on tient les bestiaux dans l'étable, la bonne fermière a soin de leur donner à manger à des **heures régulières**; elle s'occupe d'eux dès son lever et, plus que personne, à cause de cela, elle a besoin d'être *matinale*.

246. Les porcs à l'engrais lui donnent plus de mal. Il faut faire cuire leur nourriture, tenir bien nettoyés les grosses marmites et les baquets.

247. Dans beaucoup de contrées, on se sert de *chaudières* pour préparer le manger des porcs; le feu qu'on entretient sous la chaudière doit être *bien dirigé* pour ne pas brûler trop de bois.

248. Si l'on a soin de fermer à temps la porte du fourneau et celle de la cheminée, on obtient beaucoup de chaleur avec peu de combustible *.

249. Les habitants de la basse-cour, coqs, poules, canards, pigeons, etc., réclament aussi leur nourriture. Si on ne leur donne pas **régulièrement** leur pâtée ou leur grain, ils font *bien plus de dégâts*, en grattant dans les jardins et dans les champs.

De plus, les poules pondeuses ne vous donnent exactement leur œuf chaque jour que si vous êtes vous-même **exacte** à les soigner et à les *nourrir convenablement*.

250. La fermière tire un bien plus grand produit de la basse-cour, si elle s'entend à diriger les *couvées.*

Elle ne prend pas au hasard ses couveuses ; elle choisit les poules les plus *belles* et les plus *vigoureuses.*

251. Les pigeons, qui couvent souvent, sont encore une source de bénéfices. Il ne faut pas laisser augmenter outre mesure la population du pigeonnier. *Trop de pigeons sur un domaine, peu de blé dans la grange.*

252. Rosalie part pour la ville et elle n'a ni poulets, ni pigeons à y porter ; elle voudrait pourtant bien revenir avec un peu d'argent.

Qu'est-ce qu'elle glisse dans son panier ? un lapin gras et bien à point dont on lui donnera encore une jolie petite pièce.

Et ce sera *presque tout bénéfice,* car le lapin ne lui a guère coûté pour s'engraisser : les épluchures de légumes de la cuisine, les mauvaises herbes arrachées au jardin et par ci, par là, dans les derniers temps, une pâtée de son.

253. Il y a un peu de tout dans les paniers de la bonne fermière, car ce n'est que la mauvaise ménagère, *malhabile et imprévoyante,* qui se rend à la ville les mains à peu près vides.

254. Rosalie, dont l'étable compte plusieurs vaches et trois ou quatre chèvres, a toujours une collection de petits fromages à offrir aux acheteurs. Il y en a pour tous les goûts : de tout frais, faits du jour ou de la veille, d'autres déjà forts et couverts d'une croûte de belle couleur (fig. 24).

Pendant plusieurs semaines, Rosalie les a *surveillés chaque jour et lavés* lorsqu'il le fallait.

255. On achète volontiers à Rosalie son beurre

et ses fromages, car sa laiterie est admirablement tenue : on s'en doute rien qu'à voir la *propreté* de ses paniers, le goût avec lequel elle range ses fromages dans de *fraîches feuilles vertes* et les recouvre *d'une serviette bien blanche.*

256. A côté d'elle, sur la place du marché, se tient une de ses voisines dont les vaches et les chèvres ont d'aussi bon lait que les siennes. Mais Sidonie *soigne mal ses fromages*; ils sont tantôt bons, tantôt mauvais; ses pelotes de beurre, mal formées, n'ont pas bon air; elle ne sait pas les orner de jolis petits dessins. Le linge dont elle couvre son panier n'est *ni propre, ni frais.*

FIG. 24. — Rosalie a toujours une collection de petits fromages.

257. Le panier de Rosalie n'est jamais assez garni — quoiqu'il pèse lourd! — pour satisfaire à toutes les demandes des acheteurs, et il revient *toujours vide* à la ferme au bras de sa maîtresse.

258. Sidonie *vend peu*, au contraire, et souvent elle rapporte à la maison une partie de sa marchandise.

259. Lorsque la cuisine, le bétail et la laiterie laissent à Rosalie quelques instants, elle va volontiers les passer au jardin (fig. 25).

260. Elle y trouve toujours quelque chose à faire : ici, il faut *sarcler** un carré, là, jeter quelques arrosoirs d'eau, semer ou *repiquer** tel légume...

261. La ménagère a grand intérêt à l'entretien

du jardin : c'est là qu'elle vient puiser une **bonne partie** de l'ordinaire* de la famille. Si elle ne se montre pas prévoyante au jardin, la cuisine sera mal approvisionnée.

262. Mais c'est surtout quand approche l'hiver que la prévoyance est nécessaire.

263. Bientôt le jardin ne fournira plus rien. Il faut pouvoir y récolter en abondance, pendant l'automne, les *raves*, les *navets*, les *poireaux* que l'on mettra dans la cave ; les *potirons* que l'on rangera en ordre de bataille sur une étagère à la cuisine ; les haricots, les lentilles que l'on étalera sur des claies pour les faire sécher, avant d'enlever la gousse* et de les enfermer dans des sacs.

FIG. 25. — Rosalie au jardin.

264. Quand ses provisions sont faites, la fermière voit venir sans inquiétude le gel et les premiers flocons de neige.

265. Elle a de quoi nourrir son monde ; elle sait que *les bonnes soupes ne manqueront pas sur la table de famille* : elle est tranquille.

RÉSUMÉ (à réciter).

1. La bonne fermière est active et matinale ; elle s'occupe des bestiaux ; elle surveille la basse-cour.

2. Quand elle porte des denrées au marché, elle donne à son panier un air propre et engageant.

3. Elle ne néglige pas les petits produits dont la vente

peut lui procurer un peu d'argent; elle veille au bon entretien du jardin.

XI. — Les auxiliaires de la maîtresse de maison.

266. La maîtresse de maison ne peut pas tout faire elle-même.

267. Les fermières ont des valets et des filles de ferme.

Les marchandes, des commis, des employés pour aider à la vente et quelquefois pour tenir les comptes, si la maison de commerce est importante.

A l'atelier, la maîtresse emploie des apprenties, des ouvrières et souvent des ouvriers.

Pour le travail de la maison, la ménagère se fait aussi aider, quand elle peut, par des domestiques.

268. Il ne suffit donc pas qu'elle sache travailler; il faut encore qu'elle s'entende à *faire travailler* les autres, à *commander*.

269. Bien commander n'est pas toujours facile. La première qualité de celui ou de celle qui donne des ordres, c'est de les donner **clairement**. *Besogne bien expliquée est besogne presque faite.*

270. Toutefois, la maîtresse qui a bien donné ses ordres n'a-t-elle plus rien à faire? Vous ne le pensez pas; vous savez qu'il lui faut **surveiller** la façon dont on les suivra.

271. La maîtresse avisée * ne va pas tracasser * ses domestiques ou ses ouvriers de questions incessantes * : « Avez-vous fait ceci? N'avez-vous pas oublié cela? » Mais elle voit tout par elle-même.

Rien ne vaut l'œil du maître, dit un proverbe *; cet œil fait plus en une minute que des discours et des *reproches* pendant une heure.

272. On craint la bonne maîtresse, parce qu'elle

exige de chacun qu'il accomplisse *bien sa tâche*; mais on **l'aime** parce qu'elle est *juste* et *raisonnable*, et parce qu'elle ne demande à aucun plus qu'il n'est capable de faire.

On l'aime aussi parce qu'elle traite les subordonnés* avec **politesse** et **douceur.**

273. On la **respecte**, parce qu'elle donne à tous le *bon exemple* dans ses actions, ses manières et ses paroles.

274. Si elle a des domestiques, qui font partie de la maison, elle a grand soin qu'ils soient **proprement logés**, bien couchés, bien nourris.

Elle les fait soigner à ses frais quand ils sont malades.

Elle leur donne de bons conseils, *s'intéresse à leur avenir* en les exhortant à placer prudemment leurs économies.

Elle leur accorde des distractions quand elle peut, car elle sait qu'on se dégoûte d'un travail qui n'est jamais interrompu.

275. La bonne maîtresse réprimande et se montre sévère quand cela est nécessaire, mais elle sait aussi **louer** le travail bien fait; quand elle est satisfaite, elle le **fait voir**; elle **encourage** plus souvent qu'elle ne gronde, car elle croit qu'il faut faire *aimer leur tâche* à ses subordonnés* et qu'ils ne feront bien que ce qu'ils feront avec plaisir.

276. *La bonne maîtresse veut que tout le monde soit heureux autour d'elle*, même les animaux, qu'elle ne rudoie* jamais.

Aussi bêtes et gens l'accueillent toujours bien; dès qu'elle se montre, le chien de la maison remue la queue en signe d'amitié et le chat vient se frotter à ses jupons en faisant le gros dos.

277. Que penseriez-vous, si chat et chien se réfu-

giaient tout effrayés sous les meubles à son approche? Vous vous diriez sans doute que les pauvres animaux attrapent avec elle plus de coups de balai que de caresses, que la maîtresse est impatiente, colère et rude, qu'elle n'est pas **bonne** en un mot.

Vous auriez raison, car celui ou celle qui *n'a pas pitié des faibles, est rarement un être bon.*

RÉSUMÉ (à réciter).

1. Une bonne maîtresse donne ses ordres clairement; elle en *surveille l'exécution* et ne permet pas qu'on fasse à moitié ou de travers ce qu'elle a commandé.

2. Elle se fait craindre, mais elle se fait aussi aimer parce qu'elle est juste et raisonnable, douce et polie avec ses subordonnés.

3. Elle se fait respecter en donnant à tous le *bon exemple.*

4. Elle prend soin de ses domestiques; elle sait encourager ceux qui travaillent sous ses ordres.

5. Elle veut que tout le monde soit *heureux* autour d'elle.

DEVOIRS DE RÉDACTION. — 1. Dites quels seront les devoirs que vous aurez à remplir si vous vous mariez.

2. Faites le portrait de deux jeunes femmes, dont l'une a une toilette soignée et un air gracieux et de bonne humeur, tandis que l'autre est négligée sur soi et maussade.

3. Prouvez, par deux ou trois exemples, qu'il est dangereux de trop parler des autres, et surtout d'en parler sans bienveillance.

4. Comment une femme doit-elle employer l'argent que son mari lui donne pour le ménage?

5. Quelles sont les denrées dont une ménagère peut faire provision? Quelles sont celles qu'il faut acheter à mesure?

6. Le feu. Comment s'y prend-t-on pour allumer: 1° un feu de bois dans la cheminée; 2° un feu de charbon de terre dans un fourneau; 3° du charbon de bois dans un fourneau. Indiquer les précautions à prendre pour éviter la fumée, pour allumer rapidement le feu et économiser le combustible.

7. Donnez toutes les recettes de soupes que vous connaissez.

8. Comment fait-on une sauce blanche?

9. Énumérez tous les objets que vous posez sur la table en mettant le couvert. Expliquez par quel procédé on entretient chacun en

bon état de propreté (relavage de la vaisselle, frottage des objets de métal, nettoyage des carafes en verre, etc.).

10. Faites, sous forme de compte, le relevé des dépenses de ménage d'une famille de six personnes pendant une semaine.

11. Comment élève-t-on les porcs ?

12. Manière de mettre une couvée.

13. Soins à donner au laitage. (Traite et ustensiles qui servent à la traite. Disposition du lieu où l'on dépose le lait. — Crème. Confection du beurre. Divers systèmes de battage. Lavage du beurre. Utilisation du petit-beurre et du petit-lait. — Confection des fromages. Soins à donner aux fromages qui ne doivent pas être consommés frais.

Nota. — Ce sujet, très vaste, peut être traité en trois fois. Les traits (—) indiquent les 3 subdivisions.

14. Quels sont les petits produits dont la vente peut procurer quelque argent à la ménagère qui vit à la campagne ?

15. Supposez que vous êtes absente de chez vous et que vous écriviez à une domestique pour lui donner vos instructions sur l'emploi à faire de son temps. Dans cette lettre, recherchez surtout la clarté.

16. Qu'entendez-vous par ces mots de votre résumé : Une bonne maîtresse prend soin de ses domestiques ?

RÉCIT III. — Les tribulations de Pierre et de Pauline.

I. PAULINE QUITTE LE VILLAGE.

Pierre Valette est fils de bons paysans du département de l'Isère. Comme il a plusieurs frères et qu'on pouvait se passer de lui pour cultiver le petit domaine * que possède la famille, il voulut apprendre un métier.

En faisant son tour de France, il rencontra à Lyon un bon patron et se fixa dans la grande ville.

Au bout de quelques années, il gagnait d'assez bonnes journées pour pouvoir songer à se marier et à élever une famille.

Mais Pierre Valette n'avait pas envie de choisir sa femme parmi les belles demoiselles de la ville, dont le goût pour les toilettes élégantes l'effrayait un peu. Il se rappelait qu'il y avait au pays, dans la ferme la plus voisine de celle de ses parents, une jeune fille avec laquelle il avait souvent joué quand ils étaient enfants tous deux, et dont il n'avait depuis lors entendu dire que du bien ; il lui semblait que personne ne pourrait être pour lui un meilleur choix que la « petite Pauline ». Restait à savoir si Pauline pensait aussi que Pierre ferait pour elle un bon mari.

Pour s'en assurer, il résolut d'aller passer quelques jours chez ses parents, dans les environs de Saint-Marcelin. Il se trouva que Pauline n'avait pas oublié non plus son ami Pierre et, les deux familles étant parfaitement d'accord, le mariage fut vite décidé.

— Que tu es heureuse d'aller habiter la ville! disaient à Pauline quelques-unes de ses camarades, peu de temps avant la noce. Tu vas revenir avec de si belles toilettes que personne n'osera plus te reconnaître.

— Ah! par exemple, répondit Pauline en riant, si vous ne me reconnaissez pas, ce ne sera pas ma faute, car je vous promets bien que je ne changerai rien à mes habitudes et que vous me reverrez aussi simple que je le suis à présent.

— Bah! tu seras bien obligée de te faire élégante comme les autres.

— Du tout, du tout, répliqua Pauline. Telle que je suis... et telle que je resterai, soyez-en sûres.

Pauline tint parole et fut à la ville ce qu'elle avait été à la campagne; toujours proprement mise, bien coiffée, gracieuse, elle était jolie à ravir dans les toilettes les plus simples. Elle dirigeait son petit ménage avec tant d'ordre et de savoir faire que l'on n'avait point trop de peine à joindre les deux bouts à la fin de l'année, malgré le prix élevé de toutes choses. Bientôt elle eut à redoubler d'activité pour élever d'abord son premier enfant, le petit Paul, puis sa petite sœur Pierrette; mais elle était si heureuse de ses beaux enfants qu'elle ne plaignait pas sa peine.

II. LE COMMERCE.

Tout allait bien, quand Pierre eut une inspiration malheureuse.

En voyant s'accroître rapidement sa famille, il fut pris de la crainte que sa journée d'ouvrier ne devînt bientôt insuffisante. « Comment pourrais-je faire, se disait-il souvent, pour gagner plus d'argent? Je ne suis pas mal payé, il est vrai, mais une journée n'est jamais qu'une journée, cela n'augmente pas et mes dépenses vont augmenter de plus en plus. Ah! si je pouvais entrer dans le commerce! Là du moins je réaliserais de beaux bénéfices, je m'enrichirais peut-être, au lieu d'être toujours réduit à ce misérable salaire fixe. »

Au moment où il était le plus préoccupé de cette idée, un de ses amis vint lui proposer de lui céder un magasin de chaussures qui était, disait-il, en pleine prospérité.

L'offre était tentante, mais il fallait une avance de fonds. Or, Pierre n'avait pas de capitaux ; ses parents ne lui avaient rien donné encore et ne devaient pas lui laisser grand'chose après eux, tout partage fait entre leurs enfants. Mais Pauline avait une petite dot*. Quand son mari lui proposa d'en consacrer la moitié à l'achat du magasin, elle dit oui, quoiqu'elle eût moins de confiance que lui dans le succès ; elle était trop heureuse de procurer à son cher Pierre la joie de réaliser son rêve pour se montrer prudente.

Pierre de son côté avait de si bonnes intentions qu'il ne se reprocha pas de risquer l'argent de sa femme dans une entreprise qui pourrait ne pas réussir. N'était-ce pas pour elle et pour leurs enfants qu'il avait un tel désir de gagner davantage ?

On s'installa donc joyeusement dans le magasin. Le premier soir (fig. 26), Pierre sortit plusieurs fois sur le trottoir et appela même sa femme au moment où il ne passait personne, pour admirer la devanture et lire la belle enseigne neuve portant ces mots : *Maison Pierre Valette. Chaussures en tous genres.*

FIG. 26. — Pierre et Pauline regardent la belle devanture.

Au début, les affaires ne marchèrent pas mal. On vendait beaucoup. La bonne grâce de Pauline et de son mari plaisait à la clientèle*. Pierre se frottait les mains en pensant qu'il allait faire, dès la première année, un bel inventaire.

Aussi fut-il très surpris en s'apercevant au mois de décembre, qu'au lieu de gagner il avait perdu une centaine de francs. C'est qu'il faut vendre beaucoup de paires de bottines pour payer le loyer d'un magasin, l'entretien de la boutique et les grosses factures des fabricants. De plus, les dépenses du ménage s'étaient augmentées des gages et de la nourriture d'une jeune domestique qu'il avait bien fallu prendre pour tenir la maison et soigner les enfants. Pauline ne pouvait presque pas quitter le magasin et malgré son activité, il lui aurait été impossible de suffire à tout. Enfin, l'on payait tout plus cher dans le quartier où se trouvait le magasin que dans le faubourg qu'avait habité jusqu'alors la famille.

III. La situation s'aggrave.

Le pauvre Pierre était fort déçu; il refit deux ou trois fois son compte dans l'espoir de s'être trompé.

Mais non, il n'y avait décidément pas de bénéfices; on avait vécu, voilà tout.

— Il ne faut cependant pas nous décourager, dit-il à sa femme. Nous avons eu pendant cette première année des dépenses d'installation que nous n'aurons plus à faire. Cela marchera mieux l'an prochain. »

Mais cette année et les suivantes ne furent pas plus favorables, loin de là.

Un nouveau magasin s'ouvrit dans la même rue et leur fit concurrence*.

Pierre, qui ne connaissait pas très bien la marchandise, fit quelques achats peu avantageux.

Pour se conserver des crédits* chez les fournisseurs du voisinage, il en ouvrit lui-même de trop nombreux.

Il négligea un peu la tenue de ses livres; il n'osait pas faire ses additions et sa balance* de peur de tristes découvertes. Quand on sent que l'on s'est mis dans une position fâcheuse, il faut du courage pour se rendre exactement compte de l'état des choses et les regarder bien en face; mais ce courage est nécessaire.

Ce fut Pauline qui le donna à Pierre.

— Il y a longtemps, lui dit-elle un soir, que tu ne m'as rien dit de l'état de nos affaires. Ne crois-tu pas qu'il faudrait bien savoir où nous en sommes?

— Ma pauvre femme, répondit Pierre, je sais trop bien que cela ne va pas et l'examen de mes livres ne m'apprendra rien de nouveau. Ah! que j'ai été malheureux de me laisser tenter par le commerce. Pourquoi ne suis-je pas resté simple ouvrier au lieu de me lancer dans les affaires que je ne connaissais pas!

— Ne te désole donc pas, mon Pierre, dit Pauline. Ce qui est fait est fait. L'essentiel est maintenant de songer à l'avenir et de prendre une décision. Il est toujours temps de s'arrêter dans une mauvaise voie. Si le commerce ne nous réussit pas, eh bien, nous y renoncerons et nous essayerons d'autre chose.

— Mais pense donc, ma femme, à toutes les dépenses que nous avons faites pour ce magasin, à la marchandise qu'il faudrait vendre à perte si nous nous retirions. Nous ne pouvons pas renoncer au commerce; ce serait une folie de sacrifier les avances que nous avons dû faire.

— Mais si nous nous endettons de plus en plus?

Pierre ne répondit rien, mais Pauline vit bien qu'il n'était pas décidé à prendre un grand parti et qu'il voulait continuer.

— Eh bien, essayons encore quelque temps, dit-elle; mais promets-moi deux choses : d'abord que tu vas regarder tes livres pour connaître nettement notre situation; ensuite, que nous renoncerons au magasin si, d'ici à un ou deux ans, nos affaires ne se sont pas relevées.

— Je te le promets. Dès demain, je saurai à un centime près ce que nous devons.

Le lendemain, Pierre eut toute la journée un air préoccupé et mécontent. Pauline ne lui demanda pas le chiffre de leurs dettes. Elle pensait bien qu'il était gros, et elle commença à chercher en elle-même ce qu'ils pourraient bien faire quand il faudrait abandonner le commerce.

Au bout de dix-huit mois, pas d'amélioration, au contraire. La clientèle *ne diminuait pas, mais les dépenses croissaient. — Pierre et Pauline avaient maintenant quatre enfants; — et puis le moyen de se rattraper quand on a des dettes et qu'on ne peut rien prélever sur ses recettes pour s'acquitter peu à peu!

L'idée de ces malheureuses dettes était un souci bien lourd pour la pauvre Pauline. Quant à Pierre, il était bien près de perdre courage; il commençait à sortir plus souvent « pour secouer ses ennuis »; au café, il ne refusait pas si souvent qu'autrefois; au lieu de n'y passer que quelques instants, il y faisait de longues stations et rentrait tard.

IV. Une bonne détermination.

Un soir, il ne revint qu'après minuit. Pauline l'attendait tout en raccommodant les vêtements de ses enfants près de sa petite lampe. Elle avait la figure fatiguée et les yeux rouges. Pierre s'en aperçut (fig. 27) quand elle leva l'abat-jour pour éclairer le seuil de la chambre en l'entendant rentrer.

— Tu as pleuré, lui dit-il d'un ton brusque. Et comme elle ne répondait pas : Ah! certes, tu peux bien pleurer, ma pauvre femme. Quand je songe que tu te calcines pour épargner quelques sous et que, pen-

Fig. 27. — Pierre s'aperçut que Pauline avait les yeux rouges.

dant ce temps, je vais en dépenser pour chercher à m'étourdir!... Et je n'y réussis pas; toujours le souvenir de ces malheureuses dettes me poursuit; j'ai beau faire et suivre les camarades, je ne pense qu'à la situation où je t'ai mise, ainsi que nos enfants, par mon imprudence. Ah! quels reproches je me fais et quel misérable je suis!

— Ne parle donc pas ainsi, Pierre. Est-ce que je te fais des reproches, moi?

— C'est bien parce que tu supportes tout sans te plaindre, ma pauvre femme, que je m'en fais plus encore. Tiens, si tu m'avais reçu ce soir avec une scène de colère au lieu de te contenter de me regarder doucement avec tes pauvres yeux rouges, je crois que je ne me sentirais pas si coupable. Et quand je pense que c'est ton argent à toi que j'ai ainsi risqué et perdu étourdiment...

— Oh! le vilain homme! interrompit Pauline en lui mettant la main sur la bouche et en reprenant son bon sourire. Est-ce qu'il y a du *tien* et du *mien* quand on est marié! Quelle drôle d'idée! Laisse-moi cela et parlons sérieusement, puisque te voilà bien dégoûté, n'est-ce pas, de notre situation présente.

— Si dégoûté, répliqua Pierre, que j'aimerais mieux faire n'importe quoi que de la supporter plus longtemps. Mais que faire et de quel côté nous tourner?

— Bah! on peut toujours se tirer d'affaire avec de la décision et de l'énergie, quand on a la force et l'habitude de travailler, que l'on est encore jeune... et que l'on s'aime comme nous deux! ajouta-t-elle en embrassant son mari. Veux-tu écouter ce que j'ai à te proposer?

Alors, Pauline exposa son plan. On abandonnerait le commerce; le magasin serait cédé dans les meilleures conditions que l'on pourrait trouver, on payerait les dettes avec ce qui restait de la dot. Pierre ne pouvait penser à reprendre son premier métier, qui n'aurait pas suffi à les faire vivre tous six: il fallait donc chercher ailleurs et trouver un travail dans lequel Pauline pût le seconder. On retournerait au pays et l'on prendrait une ferme. Pierre et Pauline connaissaient tous deux le travail des champs, ayant été élevés à la campagne.

V. La ferme des Seilles.

Il y a près de dix mois que Pierre et Pauline sont installés à la ferme des Seilles.

C'est le soir; tous les enfants sont couchés. L'écurie et les étables sont soigneusement fermées.

Tout est calme et silencieux. Seulement, dans la grande cour éclairée par la lune, Lion, le gros chien de garde, fait entendre de temps à autre un grognement lorsqu'un bruit de sabots ou de charrette lui arrive de la route de Grenoble.

Au dedans, Pauline est assise devant une table couverte de carnets *, de feuilles de papiers et de petits livres. Avant de partir pour une ferme voisine, où il a conduit, à la tombée de la nuit, une vache vendue le matin, Pierre a remis à sa femme toutes ses notes pour qu'elle fasse le compte général de l'année qui va finir bientôt. Ce compte leur prouvera s'ils ont fait ou non une bonne affaire en venant aux Seilles et il leur servira à établir le budget de l'année suivante.

Les carnets de Pierre sont très bien tenus. Pauline a pu voir d'un coup d'œil ce qu'ont coûté et rapporté les différentes cultures, l'élève des porcs, les autres bestiaux de la ferme. Tout cela n'est pas encore bien complet, et pour une raison facile à comprendre; dans la plupart des branches d'industrie, mais surtout dans une exploitation agricole, une année dépend étroitement de celle qui la précède et de celle qui la suivra. Impossible de dire, par exemple, si telle culture a été avantageuse, quand la récolte est encore en terre et ne sera rentrée qu'à la saison suivante. Mais si des calculs bien précis pour une année déterminée sont toujours difficiles pour le cultivateur, ils le sont surtout pour celui qui a une ferme toute nouvelle.

Toutefois, tels qu'ils sont, les comptes de Pierre ont satisfait Pauline, car sa figure exprime le calme et le contentement.

Comme elle achève sa dernière addition, Lion s'agite tout à coup dans la cour, mais sans grogner cette fois; c'est qu'il a reconnu le pas de son maître.

Pauline remet les pieds dans ses sabots et, sa lampe à la main, se dispose à aller aider Pierre à mettre la chaine à la porte de la cour. Au même moment Pierre entra (fig. 28).

— Eh bien, tu es bien gardée! dit Pierre qui était de bonne humeur. Eh si j'étais un malfaiteur?

— Allons donc, répond Pauline en riant, est-ce que tu

Fig. 28. — Au même moment, Pierre entra.

me crois moins intelligente que Lion qui reconnait ton pas de si loin? Et d'ailleurs, je ne suis pas poltronne, tu sais; une bonne femme de campagne ne doit jamais avoir peur.

Tout en causant gaiement, ils sont entrés dans la cuisine.

— Je rentre un peu tard, femme, mais c'est que le voisin Rochegude a voulu me retenir à souper, et tout en buvant une bouteille de son bon petit vin de côteau, nous avons parlé de nos cultures; il m'a donné quelques bons conseils, entre autres pour l'arrosage de mes prairies, que je ne soigne pas assez selon lui, et pour la taille des arbres. Et puis, nous avons un peu causé des affaires de la commune, des chemins nouveaux que le conseil général vient de voter; c'est cela qui va changer notre canton! Figure-toi que par la route que l'on va ouvrir ce printemps, je te conduirai en une heure et quart avec la carriole au marché de Grenoble. Sera-ce assez commode pour aller vendre ton beurre et tes œufs?

— Mon beurre, mes œufs et beaucoup d'autres choses encore, dit Pauline, en appuyant sur les derniers mots.

— Tiens, tiens, tu comptes donc avoir bien des denrées à vendre?

— Beaucoup. Mais tu ne me demandes pas le résultat de mes calculs de ce soir? Assieds-toi vite là pour écouter, avant que le sommeil ne te prenne, — et il arrive de bonne heure quand on est debout depuis quatre heures du matin. »

Pauline expliqua alors à son mari où en était leur budget. Après avoir payé le fermage*, les gages des domestiques, les dépenses courantes et les intérêts de leur dette, il resterait encore 200 francs, que l'on consacrerait à payer une partie de cette dette.

— Je voudrais bien qu'il restât davantage pour cet emploi, dit Pauline, car en ne donnant que 200 francs par an, nous ne serions pas libérés* avant douze ans, et c'est trop long. Mais nous nous arrangerons pour que la somme soit plus forte d'année en année.

— Mais c'est très bien, cela, ma femme. Tu verras que dans quelque temps, nous serons trop riches. Quelle bonne idée tu as eue de revenir à la campagne! Quand je vois cette grande belle cuisine où l'on dînerait vingt-cinq sans être serrés, tout à côté les chambres où dorment nos enfants en attendant la journée qu'ils vont passer demain au grand air et au soleil, je me demande comment nous avons pu vivre tant d'années entassés dans une arrière-boutique sans espace, sans air, sans jour.

— Oui, oui, dit Pauline en souriant, je crois que nous aurons moins de peine ici à faire de nos enfants des garçons robustes et de gentilles filles ayant le cœur à l'ouvrage et de bonnes couleurs sur les joues. Mais revenons à notre budget. Je ne t'ai pas tout dit; dans les dépenses courantes je n'ai pas fait entrer la somme nécessaire pour nous habiller nous et les enfants.

— Ah! dam! c'est que cela fait une différence, dit Pierre.

Il faudra renoncer alors à commencer dès cette année le payement de notre dette.

— Non pas, dit vivement Pauline. Il faut absolument nous libérer *, vois-tu. Tant que nous sommes là, passe encore. Mais si nous venions à manquer aux enfants, il ne faut pas leur laisser des dettes : les pauvres petits auraient bien déjà assez de peine, sans cela, pour se tirer d'affaire !

— Mais en attendant, comment faire pour les vêtir, si tu ne veux pas toucher à cet argent ?

— Te souviens-tu que, lorsque nous habitions Lyon, tu m'as menée une fois entendre une conférence * au Palais Saint-Pierre ? Le conférencier disait sur la vie à la campagne une foule de choses intéressantes. Je fus surtout frappée de ce qui concernait le rôle de la ménagère. « Une bonne fermière, disait ce professeur (un homme très savant, qui venait de Paris) pourrait augmenter d'un tiers le revenu de la famille à force de prévoyance, d'ordre, de régularité et d'*attention donnée aux petits produits.* » Je me suis toujours rappelé cette phrase et c'est avec *les petits produits* que j'espère arriver à équilibrer * notre budget. J'ai déjà fait mon plan. Sans te le dire, j'ai même acheté, à ma dernière course à Grenoble, les petits livres que tu vois là ; ils m'ont appris qu'il y a au moins huit ou dix choses dans une ferme dont on peut retirer des produits très avantageux sans faire de grands frais et sans augmenter le nombre des domestiques. Il ne s'agit que de s'instruire des meilleurs moyens à employer et puis de se donner un peu de peine.

— Avec cela que tu ne t'en donnes pas assez déjà ! interrompit Pierre.

— Crois-tu donc que je plaigne ma peine, quand c'est pour élever nos enfants ? Va, je suis bien trop heureuse que nous puissions travailler ainsi, tous bien unis, et tous ensemble.

Maintenant que les grandes choses vont à peu près bien dans notre ferme, que notre servante est dressée, tes deux garçons de labour au courant du travail et du soin des bêtes, je vais avoir plus de temps. Au tour des petits produits ! Les enfants m'aideront ; je leur confierai à chacune une besogne particulière. Mais j'ai besoin de toi aussi. Pour commencer, veux-tu me donner ce petit coin de terrain qui est au bout du verger encombré par un mur écroulé et des broussailles ?

— Tu ne me demandes pas un gros cadeau, dit Pierre en

riant; ce coin-là n'a jamais rien produit. Mais que veux-tu donc en faire?

— Ça, c'est mon secret... que je te dirai plus tard; pour le moment, songeons au repos. Il fera chaud demain et il faut que je fasse traire les vaches de bonne heure. »

VI. LES PETITS PRODUITS.

Pauline avait remarqué que les abeilles de la ferme des Seilles donnaient peu de miel; le rucher était en plein midi, exposition qui ne vaut rien. Elle résolut de le transporter près du verger, dans le petit coin de terre que Pierre lui avait promis. Cet emplacement, ombragé par les arbres du verger, ouvert au sud-ouest et abrité contre les vents violents, avait encore l'avantage d'être à peu de distance d'un petit ruisseau. Or Pauline avait vu dans ses livres que les abeilles recherchent le voisinage de l'eau; plus d'une fois elle avait observé elle-même curieusement, étant enfant, les petites abeilles sauvages, couleur d'or, se balançant sur les joncs verts et les faisant plier sous leur poids pour atteindre la surface de l'eau et s'y désaltérer.

Avec l'aide de son fils Paul (fig. 29), elle établit les ruches sur des tablettes de bois, soutenues par de solides piquets, afin de les préserver des rats, des souris et de tous les petits rongeurs qui font la guerre aux abeilles, surtout pendant la saison froide. Paul fut préposé au soin des ruches et bien averti de veiller surtout à l'hivernage * et de couvrir les ruches de mousse sèche au moment du gel. Quand on en retira de beaux rayons de miel

Fig. 29. — Paul fut préposé au soin des ruches.

bien parfumé, il eut grand soin d'en faire laisser une quantité suffisante pour la provision des abeilles.

La surveillance des arbres fruitiers échut aussi à Paul, qui était le seul des enfants assez grand et assez fort pour tailler et greffer et pour cueillir les fruits. Avec l'aide d'un vieux jardinier qui lui donna quelques leçons, il acquit une certaine habileté ; il lut de bons livres, peupla le verger d'excellentes espèces, bien appropriées à l'exposition, et au bout de quelque temps, les fruits étaient si abondants et si beaux aux Seilles qu'il fut facile d'en retirer un bon produit, non seulement en les vendant sur le marché de Grenoble, mais en les expédiant au loin par le chemin de fer. Paul ne s'occupait pourtant du verger qu'à *temps perdu*, pour ainsi dire ; mais il y mettait de l'intelligence, de l'esprit d'observation et beaucoup de régularité.

Pierrette eut en partage la basse-cour (fig. 30). Il fait bon voir accourir à sa voix deux fois par jour coqs, poules et poulets et tout ce monde bruyant et batailleur se précipiter sur la pâtée de pommes de terre cuites et de son, ou tendre avidement le bec vers la pluie de grains d'orge ou d'avoine !

Car Pauline n'est pas du tout de l'avis des gens qui croient qu'il faut laisser aux poules le soin de chercher leur pâture dans les

FIG. 30. — Il fait bon voir accourir à sa voix coqs, poules et poulets.

champs ; elles y font bien plus de dégâts si on ne leur donne pas régulièrement à manger à la basse-cour. D'ailleurs, Pauline tient à avoir des poules un peu casanières, vivant surtout dans la cour, les étables et les écuries et se couchant ponctuellement au poulailler, après la distribution du soir. De cette façon, elle n'a pas à chercher ses œufs un peu partout, dans une haie, au pied d'un mur. Elle sait où sont les nids de ses principales pondeuses ; elle en fait chaque matin la visite et quand elle porte un panier d'œufs au marché, elle peut affirmer en conscience qu'ils sont tous frais de la semaine. Elle s'est procuré quelques bêtes de bonne race et elle améliore encore chaque jour sa basse-cour en ne faisant couver que les œufs des plus belles et des plus robustes.

Mais cela ne suffit pas à Pierrette qui médite d'ajouter à son régiment d'élèves à deux pattes un petit bataillon de canards qui barboteront dans le ruisseau à qui mieux mieux. Quand elle aura pris son certificat d'études et qu'elle n'ira plus qu'à l'école du soir, elle veut aussi, bien qu'ils donnent beaucoup de peine, avoir des dindons et des pintades : tout cela est d'une vente excellente aux marchés de la ville.

Pour le moment, ses classes ne lui laissent pas assez de temps ; d'autant plus qu'elle s'occupe encore du pigeonnier. A côté des sacs d'orge et d'avoine pour les poules, elle a une provision de sarrasin, de chènevis, de colza pour les pigeons, qui ne s'accommodent que des graines de forme ronde ; elle ne néglige pas d'y mêler un peu de sel que ses pensionnaires aiment beaucoup. Quand elle veut bien les régaler ou leur enlever la tentation d'émigrer vers un autre pigeonnier — tous les pigeons sont comme celui de la fable : ils quittent facilement le logis — elle leur achète même une morue sèche qu'ils becquètent avec délices.

Tout cela ne va point sans frais ; mais le colombier fournit chaque année un nombre considérable de paires de pigeons pour la vente. De plus, on utilise aussi le fumier qu'on en retire par de fréquents nettoyages : la *colombine* est un engrais précieux, surtout pour les jardins potagers. Justement, Pauline veut étendre la production des légumes, en avoir plus qu'il n'en faut pour la nourriture des gens de la ferme.

— Je crois que notre jardin est trop maigre, a-t-elle dit il y a peu de jours à Pierre ; si tu me donnais quelques charretées de fumier de plus à y étendre, il me semble que nous en retrouverions bien le prix au bout de l'année. Si je pouvais mettre chaque jour de marché dans le caisson de la carriole un ou deux paniers de beaux légumes, je trouverais facilement à les vendre et je rapporterais chaque fois une bonne petite somme.

— Va pour les légumes, a répondu Pierre ; je donnerai des ordres pour qu'on fume les carrés que tu désigneras. Tes petites spéculations* te réussissent assez bien d'ordinaire et je me garderais d'y mettre obstacle. Sais-tu ce que je veux te proposer ? Il y a près du jardin potager un bout de champ qui est bien court pour le labourage ; c'est de l'excellente terre. Veux-tu le transformer en aspergère* ?

— La bonne idée ! s'écria Pauline. Nous expédierons les bottes d'asperges comme primeurs* à Grenoble ou même à Lyon. Seulement ne regretteras-tu pas ton champ ? Les asperges prennent beaucoup de place, tu le sais.

— Je t'établirai cela de façon à économiser la terre. J'ai traversé dans le temps des pays où les talus* qui séparent les raies d'asperges sont plantés de groseilliers et de framboisiers ; nous en ferons autant et à côté de tes asperges tu auras quelques belles corbeilles de fruits à récolter.

— Es-tu ingénieux, Pierre ! Comme tu profites bien de tes voyages !

— Et toi des conférences * auxquelles je te conduis !

— Si nous écrivions au conférencier* pour lui dire comment tu as appliqué ses conseils sur les *petits produits* ?

— Tu dis cela pour te moquer de moi ; mais tu ne te moqueras pas de mon carnet de recettes quand je te le montrerai. Les ruches, le verger, la basse-cour, le pigeonnier nous donnent d'assez jolis bénéfices, grâce à l'activité de Paul et de Pierrette. Celle-ci va m'aider encore à transformer la laiterie, qui laisse à désirer. Et puis, sais-tu que les deux petits, Victor et Jeannette, s'en mêlent aussi ? Le jour de la grande pluie, pendant que tu étais à Saint-Marcelin et qu'on ne pouvait pas travailler dans les champs, les valets de ferme se sont amusés à leur construire, avec de vieilles planches et des restes de toile métallique, une lapinière à plusieurs cases (fig. 31), où l'on a installé les deux lapins que les enfants tenaient dans une caisse à l'écurie. Depuis lors, ils sont tout feu et tout flamme pour leur rapporter des herbes, et leurs protégés ne tarderont pas à peupler de toute une colonie l'habitation préparée. J'ai promis à Victor et à Jeannette

Fig. 31. — Le déjeuner des lapins.

deux sous sur la vente de chaque lapin. Ils sont si ravis de *gagner quelque chose*, qu'ils cherchent de tous côtés du travail à faire. Pierrette leur a conseillé de faire des bouquets de violettes : elle en a vendu six au dernier marché. Elle leur apprend aussi à reconnaître des herbes et des fleurs qu'ils recueillent et font sécher pour un herboriste. Quand la saison sera venue, ils se promettent de ramasser des fraises de bois, puis des champignons, des pommes de pin, etc. Enfin, ces braves petits, en revenant de l'école, sont toujours en quête de travail comme leurs deux aînés.

— Vraiment? dit Pierre joyeusement surpris. Eh bien, femme, je suis sûr que tu as une erreur dans le compte de tes recettes, ajoute-t-il en changeant de ton.

— Comment, mon ami....

— Je parierais que tu n'as pas noté parmi les bénéfices le goût que prennent nos enfants pour le travail, le travail raisonné, fait avec plaisir et entrain ; le sentiment de la responsabilité que tu leur donnes en leur confiant une tâche. Si jamais cependant il y eut un bénéfice net et considérable c'est bien certes celui-là.

— Ah ! tu m'avais fait peur avec tes erreurs, dit Pauline en respirant. Oui, j'espère comme toi qu'en faisant de nos enfants des aides, nous leur aurons donné de bonnes habitudes pour le reste de leur vie, et qu'ils seront plus profondément attachés à ce cercle de famille où ils ont eu de bonne heure un rôle actif.

VII. Prospérité.

Quelques années ont passé. Tout va bien à la ferme des Seilles. Pierre et Pauline ont payé toutes leurs dettes et sont en voie de faire des économies très rassurantes pour l'avenir ; les premières sont déjà placées à la caisse d'épargne.

Paul est dans une ferme-école. Son père, qui est pour le progrès en toutes choses, a voulu qu'il sût son métier mieux que lui-même ; les voisins l'en blâment, lui objectant qu'il n'a pas eu besoin d'apprentissage dans une école pour devenir un bon cultivateur. Il répond qu'il l'est devenu à ses dépens et qu'il y a d'ailleurs, en agriculture comme dans tout le reste, des choses nouvelles au courant desquelles il faut se mettre pour faire de mieux en mieux.

Pierrette, depuis sa sortie de l'école, est devenue une bonne repasseuse et une habile couturière ; elle entretient seule le linge de la maison, coupe, bâtit et coud les vêtements. Cela ne l'empêche pas de s'occuper aussi du travail des champs.

Un jour, le père Rochegude, qui, tout riche qu'il est, tient à l'honorabilité de la famille, et aux qualités plus qu'aux écus, est venu demander Pierrette en mariage pour son fils Marcel.

Jeannette prendra alors la place de sa sœur aînée et Victor travaillera sous la direction du grand frère à devenir un bon agriculteur. On dit toutefois que Pierre, très ambitieux pour le dernier-né de la famille, veut travailler à lui donner les moyens d'entrer dans l'administration des eaux et forêts.

. . . .

Pierre et Pauline sont devenus vieux (fig. 32). Pendant

FIG. 32. — L'heureuse vieillesse de Pierre et de Pauline.

FIG 33. — La famille de Pierre et de Pauline aux champs.

que leurs enfants sont aux champs (fig. 33), ils pensent quelquefois aux mauvais jours qu'ils ont traversés à Lyon et à la détresse dont ils sont sortis grâce à leur décision, à leur énergie, à leur amour du travail et à l'affection mutuelle qui n'a jamais cessé de les unir.

IV

LA MÈRE DE FAMILLE
L'ÉDUCATION DES ENFANTS

I. — L'éducation des enfants.

278. La plupart d'entre vous ont probablement des frères et sœurs plus jeunes qu'elles. Vous rappelez-vous ce qu'était votre petit frère le premier jour de sa naissance (fig. 34) ?

279. Enfoncé dans les coussins de son berceau, bien enveloppé dans ses langes, vous avez aperçu ce jour-là un petit être bien gentil mais qui ne savait ni vous regarder, ni vous sourire.

Fig. 34. — Le petit frère.

280. Votre mère s'est consacrée au nouveau-né.

Elle l'a soigné, elle l'a nourri.

Elle lui a appris à manger, à marcher, à parler.

Elle en a fait peu à peu le robuste et remuant garçon qui joue aujourd'hui avec vous et qui bientôt va vous suivre à l'école.

281. Ce que votre mère a fait pour votre petit frère, ce qu'elle avait fait pour vous quand vous étiez petite, *à votre tour vous aurez à le faire dans quelques années* pour vos enfants.

282. *Saurez-vous le faire ?*

283. Vous riez. « Est-ce que toutes les mamans, dites-vous, ne savent pas soigner leurs enfants ? »

284. Vous saurez, comme toutes les mamans, aimer votre petit enfant, mais il n'est pas bien sûr que vous sachiez l'**élever**.

285. Ce n'est pas chose si facile.

Ce petit être faible et frêle court mille dangers. Pour l'en préserver, *la tendresse ne suffit pas.* Il faut encore que la mère ne soit pas trop ignorante de ce qui est nécessaire au nouveau-né.

286. Il meurt en France, chaque année, environ 70 000 enfants âgés de moins d'un mois. *Beaucoup auraient pu être sauvés* si mamans et nourrices savaient mieux leur métier de mères de famille.

287. Ce métier sera le vôtre, car *la vraie tâche d'une femme est d'élever des enfants.* Apprenez donc à vous acquitter de cette tâche.

288. Un bon nombre d'entre vous s'y exercent en aidant leur mère à prendre soin de leurs frères et sœurs, et c'est bien, à vrai dire, *le meilleur apprentissage.*

289. Voyons pourtant si l'on ne pourrait pas, même à l'école, vous donner quelques idées utiles sur la façon d'élever les petits enfants.

RÉSUMÉ (à réciter).

1. La vraie tâche d'une femme est d'élever des enfants.

2. Pour être bonne mère, il ne suffit pas d'aimer ses enfants. Il faut savoir beaucoup de choses pour être capable de les élever.

3. Nous apprenons une partie de ces choses à l'école ; nous pouvons en apprendre aussi en aidant notre mère à soigner nos frères et sœurs.

INSTRUCTION CIVIQUE. — **Lire** : Actes de naissance. — Actes de décès (p. 191). — Testaments. — Partages.

— Quotité disponible. — Scellés. — Droits de mutation. — Donations entre vifs (p. 196).

II. — Le vêtement et le coucher du petit enfant.

290. Le nouveau-né craint le froid. Quelle que soit la saison, nous lui mettrons des vêtements **chauds et souples**; une chemisette de toile et une brassière * de flanelle ou de laine tricotée, un drap bien blanc et un lange de molleton *.

291. *Nous ne serrerons pas trop* le lange autour du corps (fig. 35) : la petite poitrine souffrirait d'être comprimée *.

Une ceinture munie de cordons ou deux grosses **épingles doubles** maintiendront le drap et le lange sans mettre le corps dans un étau.

292. Les petites mains pourront *rester libres*. Rien de triste à voir comme un malheureux nourrisson les bras collés au corps par le maillot.

Si, d'aventure, le nôtre s'égratignait la figure avec les mains, nous les fixerions un moment sur la poitrine au moyen d'un léger fichu d'indienne passé autour du cou et noué derrière le dos.

Fig. 35. — La toilette de Bébé.

293. Pour la tête, *un seul bonnet* suffira. Dans certaines contrées, à la campagne, il est encore de mode d'affubler * les enfants de trois ou quatre bonnets superposés.

Bon moyen pour maintenir la tête trop chaude et empêcher les os du crâne de se raffermir!

294. La toilette est terminée. Est-elle faite pour longtemps? Hélas non! Bébé se permet tout, et nous oblige de nous permettre de tout dire.

Au moment même où nous venons de l'envelopper dans de beaux langes bien propres, nous nous apercevons qu'il n'a eu aucun respect pour notre ouvrage, et que les langes ne sont déjà rien moins que secs.

295. Que faire alors? **Recommencer**: on ne doit jamais laisser un enfant dans des langes mouillés et salis.

296. En le changeant de linge, nous aurons soin de **laver** notre nourrisson.

Sa peau fine et délicate veut une **extrême propreté**; un rien y ferait apparaître de la rougeur ou même des écorchures.

Les cris incessants de beaucoup d'enfants n'ont pas d'autre cause que l'oubli de ces soins.

297. Une mère prudente ne couchera jamais son enfant dans son propre lit; *elle courrait le risque de l'étouffer*, sans le vouloir, pendant son sommeil. Il faut au nouveau-né son lit à lui, c'est-à-dire son berceau (fig. 36).

Fig. 36. — Le meilleur berceau est un berceau d'osier.

298. Le meilleur berceau est le **berceau d'osier**, qui laisse l'air circuler librement autour de l'enfant et qui a de plus l'avantage de pouvoir se laver souvent.

299. On le garnira d'une paillasse et d'un ou deux coussins remplis de balle * d'avoine.

300. Pourquoi pas de laine? dira-t-on. La laine est trop chaude et trop moelleuse. Le crin vaudrait mieux, mais il est cher. On ne peut pas le renouveler aussi souvent que la balle d'avoine, qui n'a presque pas de valeur.

301. Or, *le meilleur coucher pour le petit enfant est celui qu'on peut renouveler souvent.*

Faire *sécher* la literie ne suffit pas. Dès qu'elle a contracté quelque odeur, il est bon de *laver les enveloppes* et de *changer entièrement* leur contenu.

302. Le petit berceau est garni de draps et de couvertures : nous y déposerons le petit enfant, en ayant soin de le coucher un peu *sur le côté* plutôt que sur le dos.

303. Puis nous mettrons la couchette à l'abri des courants d'air. Aussi vaudra-t-il mieux *ne pas poser le berceau sur le plancher,* mais sur un bâtis à quatre pieds ou sur une petite table basse garnie d'un rebord que le père de famille, s'il est un peu ingénieux, pourra construire aisément lui-même.

304. Une dernière précaution à prendre : laisser le jour arriver *de côté* à l'enfant. S'il l'avait en face ou par derrière, il pourrait prendre la mauvaise habitude de *loucher* *.

305. Après cela, nous laisserons bébé dormir en paix aussi longtemps qu'il lui plaira.

RÉSUMÉ (à réciter).

1. Si j'ai à soigner mon petit frère ou ma petite sœur, je l'habillerai chaudement; *je ne serrerai pas ses langes.*

2. Je ne lui mettrai qu'un seul bonnet; *je changerai ses langes* aussitôt qu'ils seront mouillés.

3. Je laverai le bébé avec beaucoup de soin.

4. En le portant dans mes bras, je soutiendrai bien sa tête et ses reins.

5. Quand il voudra dormir, je le coucherai un peu sur le *côté* dans son petit berceau d'osier.

6. Je mettrai le berceau à l'abri des courants d'air.

7. J'aurai soin que tout ce qui garnit le berceau soit toujours propre et sec.

III. — L'alimentation du petit enfant.

306. Le petit enfant s'éveille et réclame sa nourriture.

307. Sa nourriture, c'est le lait de sa mère; *il n'y en a pas de meilleure pour lui.*

308. On conseillait bien à madame Picard, de mettre son petit Jean en nourrice. « Il vous occupera trop, lui disait une voisine; vous ne pourrez plus travailler à votre état. » Madame Picard, fait des « modes » chez elle, et il est sûr qu'elle confectionnera quelques chapeaux de moins par semaine si elle garde son enfant.

Mais son mari lui a dit : « Est ce que les mois de nourrice ne nous coûteront pas aussi fort cher? Et la santé de notre enfant? n'a-t-elle pas plus de prix à nos yeux que l'argent? N'aura-t-il pas à souffrir, si nous le confions aux soins d'une étrangère? »

Madame Picard n'a pas eu de peine à se laisser persuader. Elle a lu dans un petit livre que lui a prêté son médecin des renseignements peu rassurants sur le nombre de petits enfants qui meurent en nourrice. Après cette lecture, il lui aurait semblé qu'envoyer son petit Jean loin d'elle, alors qu'elle pouvait le garder, c'était presque manquer à son devoir de mère. Elle a donc gardé Jean.

309. Elle lui donne de si **bonnes habitudes**

pour la nourriture et le sommeil que le petit ne l'occupe pas autant qu'on le croirait. Jean ne tette que *toutes les deux heures.*

La nuit, *il dort sans rien demander de onze heures du soir à cinq heures du matin;* cela permet à la mère de se bien reposer.

310. L'enfant « vient » à merveille; sa bonne mine le dit assez.

Cependant, pour mieux s'assurer encore qu'il prospère, madame Picard le **pèse** chaque semaine dans sa balance de ménagère. Elle sait que *le poids d'un enfant bien portant doit augmenter en moyenne de 20 à 30 grammes par jour pendant les cinq premiers mois et de 10 à 15 grammes pendant les sept mois suivants.*

311. Madame Picard ne **sèvrera** * pas son poupon **de bonne heure.**

Elle se garde bien de le « faire manger » tant que son lait lui suffit.

Elle sait que chez beaucoup d'enfants la grosseur n'est pas un signe de santé, et elle préfère aux grosses joues blanches « boursouflées » de bonnes petites joues fermes, égayées par deux yeux *bien éveillés.*

312. Elle commencera, quand il aura huit ou dix mois, à lui donner quelques **soupes légères.**

Déjà elle a copié sur un petit carnet les recettes suivantes indiquées par un hygiéniste * qui s'est occupé toute sa vie des petits enfants :

1re RECETTE. « Mettez de la mie de pain au four;
« quand elle sera légèrement grillée, faites-en avec
« de l'eau ou du lait et un peu de sucre une *soupe*
« *d'autant plus claire que l'enfant est plus jeune.* »

2e RECETTE. « Faites bouillir pendant deux heures
« de la mie de pain dans de l'eau. Écrasez-la bien.
« Ajoutez un peu de lait, du sel ou du sucre. »

3ᵉ RECETTE. « Dans du lait bouillant, coupé d'un
« peu d'eau, jetez une cuillerée de semoule ou de
« tapioca. Laissez cuire vingt minutes pour la se-
« moule, dix minutes pour le tapioca. »

313. Quant à la soupe au **bouillon gras**, petit Jean n'en goûtera pas avant d'avoir huit ou dix mois.

314. Madame Picard veut être **très prudente**. On lui a dit que *presque toutes les maladies des petits enfants ont pour cause une* **alimentation prématurée**.

Un enfant est **mal alimenté**, en effet, quand on le nourrit trop tôt de choses *qui ne conviennent pas à son estomac*.

Du *lait*, toujours du *lait*, voilà ce qu'il faut aux petits enfants.

Les aliments *solides* ne sont pas faits pour eux ; *ils ne les digèrent pas* ou les digèrent mal.

315. Un nourrisson qu'on fait manger à sept ou huit mois comme un petit homme, au lieu de s'en tenir pour lui au *lait* de sa nourrice et à des soupes peut prospérer *en apparence* pendant quelque temps ; mais vienne la *dentition* * vous le verrez souffrir et probablement mourir des suites de la *diarrhée* * ou des *convulsions* *.

316. Le proverbe a raison : « Enfant trop tôt nourri, bel enfant jusqu'aux dents. » Après les dents, chétif personnage.

317. Tous les bébés n'ont pas l'heureuse chance d'avoir une maman comme celle de petit Jean.

Par exemple, la voisine de madame Picard, qui travaille toute la journée dans un atelier, a bien été obligée de placer son enfant chez une nourrice.

Mais elle a eu la satisfaction d'en trouver une bien portante, et habitant le voisinage ; elle lui fait de **fréquentes visites** ; elle voit par elle-même si l'enfant va bien, si on le tient **proprement**, si sa petite figure exprime le **bien-être**.

D'ailleurs, la nourrice, qui est une bonne femme, prend soin de son nourrisson autant que de ses propres enfants.

Ce n'est pas elle qui le laisserait pleurer longtemps dans un lit mouillé ! Elle veut que l'enfant ait bonne mine et qu'on lui en fasse des compliments.

Du reste, elle en a déjà élevé cinq ; et le médecin inspecteur lui a dit lors de sa dernière visite : « Bravo, madame Remond! C'est plaisir que de voir vos petits pensionnaires ; il faudra que je demande une récompense pour vous. »

318. Une autre voisine de madame Picard est tombée gravement malade peu de temps après la naissance de sa petite fille; elle a dû renoncer à la nourrir.

Comme on était à la campagne, dans un pays de pâturages et de bonnes vaches laitières, le médecin a conseillé l'*allaitement artificiel* au biberon.

« Ce mode de nourrissage réussit quelquefois très bien, a-t-il dit, mais *il demande beaucoup de soins.* »

319. Nelly, la sœur aînée d'Éva, qui a près de treize ans, s'est chargée d'être sa petite maman. Elle prépare tous ses repas.

Elle se fait toujours donner du lait *de la même vache.*

FIG. 37. — Nelly fait chauffer au *bain-marie* le lait de la petite Éva.

Elle a soin de le couper d'eau.

L'ÉDUCATION DES ENFANTS.

Elle le réchauffe au **bain-marie*** (fig. 37). Elle y plonge son doigt avant de le donner à Éva pour s'assurer qu'il est à peu près à *la température du corps*.

Après chaque repas de la petite, elle **démonte** toutes les pièces du biberon, les **lave** et les **sèche**.

320. Grâce à ces précautions, la petite Éva ne s'aperçoit pas trop que le lait de sa mère lui manque, et ses bonnes joues font honneur à Nelly.

RÉSUMÉ (à réciter).

1. La meilleure nourriture pour un petit enfant est le *lait de sa mère ou celui d'une bonne nourrice*.
2. Le nourrissage au biberon peut réussir quand il est employé avec des soins extrêmes et minutieux.
3. Un enfant ne doit être nourri que de *lait* jusqu'à huit ou dix mois.
4. Les enfants auxquels on donne trop tôt des *soupes* et une *nourriture solide* ne résistent pas à la crise de la dentition.
5. Ils ont souvent les jambes torses, « en cerceau ».
6. Ils sont sujets à la diarrhée qui les affaiblit, aux convulsions qui les enlèvent.

INSTRUCTION CIVIQUE. — **Lire** : Protection des enfants — Carnet de nourrice. — Inspection des enfants en nourrice (p. 205).

IV. — Jeux et promenades de petit Jean.

321. Petit Jean commence à devenir curieux. Il est capable d'autre chose que de manger et de dormir.

Quand il s'éveille, il regarde autour de lui.

Il gazouille tout doucement on ne sait quoi dans son berceau (fig. 38).

Il prend à pleines mains son pied rose, qu'il essaye de faire arriver jusqu'à sa bouche, et il lui adresse des discours..... que lui seul comprend.

322. Dans ces moments-là, sa mère se garde bien de se montrer, de lui parler bruyamment, de le secouer pour le faire rire.

Elle le laisse, tant qu'il est content, à ses petites réflexions.

Le petit enfant a besoin de **calme**.

Fig. 38. — La mère laisse Bébé, tant qu'il est content, à ses petites réflexions.

323. Quand elle l'aura levé, la mère tâchera de l'emmener à la promenade ou de l'installer dans la cour ou dans le jardin, si on est à la campagne.

324. *Le petit enfant a besoin, plus encore que les grandes personnes*, d'**air pur** et de **soleil**.

S'il vit toujours enfermé dans la maison, il **s'étiole** comme une petite plante qui croîtrait dans une cave.

Il sera chétif et malingre * toute sa vie.

325. Savez-vous où le petit Jean passe ses meilleurs moments?

Sur une couverture que madame Picard étend devant la porte (fig. 39).

Elle assied bébé au beau milieu, lui donne une racine de guimauve ou une croûte de pain à mâchonner et le surveille tout en travaillant.

326. Jean essaye ses forces en se roulant sur la couverture; il tente de se relever, tout seul quand il est sur le côté; cela fortifie ses petits reins.

Le voilà qui a réussi à se mettre à quatre pattes et qui se traîne, en soufflant très fort, à la rencontre

327. Un de ces jours, Jean se dressera avec grand effort sur ses jambes. Il tombera plus d'une fois avant que les jambes aient la force de le porter; mais la couverture l'empêchera de se blesser.

Il répétera ses essais et *il apprendra à marcher tout seul.*

328. Soyez sûres que Jean n'aura

Fig. 39. — Les premiers pas.

pas les jambes courbées en parenthèses comme ces malheureux enfants qu'on veut à tout prix **faire marcher** trop tôt en les soutenant avec des lisières.

RÉSUMÉ (à réciter).

1. Le petit enfant a besoin de calme. On ne doit pas l'étourdir en lui parlant et en le remuant sans cesse.

2. Le petit enfant a besoin d'*air pur* et de *soleil*. Il faut le sortir beaucoup.

3. Il ne faut pas apprendre trop tôt à marcher à un enfant, sous peine de voir se courber ses jambes, trop faibles pour le poids de son corps.

V. — La mère institutrice.

329. Tandis que le corps de l'enfant grandit et se fortifie, la mère doit veiller aussi au développement de son **intelligence**, de sa **conscience** et de son **cœur**.

330. Le petit enfant s'instruit bien longtemps avant d'aller à l'école par tout ce qu'il voit, ce qu'il sent et ce qu'il entend.

C'est à la mère presque seule que revient le soin de cette première éducation; elle doit mettre toute sa patience à la bien diriger et ne la point contrarier comme le font quelquefois les personnes ignorantes.

331. Le petit enfant aime à toucher, à tenir dans ses mains les objets qu'il voit, pour faire connaissance avec eux. Il ne faut pas croire que ce soit pour *faire une sottise* que l'enfant saisit tout ce qu'il aperçoit de nouveau autour de lui.

Quand il s'empare d'une chose qu'il court risque de détériorer, enlevez-la-lui, s'il le faut, avec douceur et sans le gronder. Mais faites mieux si vous en avez le temps : permettez-lui de la bien **observer** avant de vous la rendre, *observez-la avec lui.*

Il sera beaucoup moins tenté de s'en emparer de nouveau et, de plus, vous lui aurez appris quelque chose et vous l'aurez rendu **attentif.**

332. Le petit enfant cherche à **apprendre**; dès qu'il peut parler, il fait beaucoup de questions.

333. La mère doit *répondre à ces questions,* lui **expliquer** ce qu'il peut comprendre et ne pas le rebuter comme on a le tort de le faire souvent en disant avec brusquerie : « Tais-toi donc ; tu m'ennuies ; laisse-moi tranquille. »

334. La curiosité du petit enfant est *une bonne chose* qu'il ne faut pas décourager, mais qu'il faut savoir diriger et régler.

335. Quand l'âge de l'école arrive, le rôle de la mère n'est pas fini.

L'enfant ne comprend-il pas bien sa leçon? C'est à sa mère qu'il va demander secours.

Est-il attristé d'avoir eu une mauvaise place? « Ne te décourage pas, dit la mère. Une autre fois tu réussiras mieux. Tu le vois, tu as travaillé trop mollement; mets dorénavant plus d'ardeur à l'étude. »

L'ÉDUCATION DES ENFANTS.

Quelle bonne aide pour l'instituteur ou l'institutrice qu'une mère de famille intelligente!

336. Le petit enfant a une **intelligence**; il a aussi une **conscience** et un **cœur** qu'il faut **former**.

Si vous voulez faire tout votre devoir quand vous serez mère de famille, vous travaillerez à rendre votre enfant *honnête et bon*.

337. *Vous éloignerez de lui les mauvais exemples*, dans votre maison et hors de la maison.

338. Vous lui donnerez de **bonnes habitudes**. Vous lui apprendrez dès son plus jeune âge à **obéir**.

339. Ne cédez pas à *ses caprices*; une mère qui *permet une chose après l'avoir défendue* parce que l'enfant a pleuré, rend son enfant capricieux et volontaire.

Avec de la **fermeté**, on facilite au contraire l'obéissance à l'enfant qui sait que votre *oui* est *oui*, votre *non*, *non*.

FIG. 40. — La bonne mère.

340. La mère doit avoir à la fois beaucoup de **fermeté** et beaucoup de **douceur** (fig. 40).

La douceur et la tendresse sont nécessaires au cœur du petit enfant. Il faut qu'il se sente aimé pour *apprendre à aimer* à son tour.

341. Qu'il s'habitue à se rendre utile aux autres, à éviter ce qui peut leur faire de la peine.

Rendez-le **compatissant*** pour les animaux. Ne

le laissez jamais se livrer à des jeux cruels; un enfant capable de prendre plaisir à faire souffrir une bête deviendra un homme dur et méchant.

342. Que de choses à apprendre, n'est-il pas vrai, pour être un jour capables d'être de bonnes mères de famille! Pensez-y souvent.

Instruisez-vous afin de pouvoir soigner et instruire vos enfants; travaillez dès à présent à devenir chaque jour **meilleures**, afin de les rendre **bons** à leur tour.

Sachez d'ailleurs que vos enfants vous ressembleront par les dispositions du cœur et de l'âme comme par la taille et la figure. *Si vous prenez l'habitude du bien*, vos enfants seront portés au bien plus qu'au mal.

343. En vous attachant au devoir, vous travaillez, non seulement pour vous-mêmes, mais pour ceux que vous aurez mission d'élever un jour.

RÉSUMÉ (à réciter).

1. Quand je serai mère de famille, il faudra que je sois capable d'être l'institutrice de mes enfants.

2. Mon devoir sera de développer leur intelligence, leur conscience et leur cœur.

3. Je leur apprendrai à observer; je répondrai de mon mieux à leurs questions tout en m'appliquant à les rendre *discrets*.

4. Je les encouragerai dans leurs études.

5. Mon plus vif désir sera de les rendre honnêtes et bons.

6. J'éloignerai d'eux les mauvais exemples.

7. Je leur donnerai de bonnes habitudes. Par-dessus toutes choses, je les habituerai à *obéir*.

8. Je ne céderai pas à leurs caprices. Je m'efforcerai de les diriger avec autant de *fermeté* que de douceur. En les aimant et en me dévouant à eux, je leur enseignerai à aimer et à se dévouer à leur tour.

9. Je les rendrai compatissants.

10. Pour être capable de faire un jour toutes ces choses, il faut que j'apprenne beaucoup tandis que je suis jeune. Il faut que je prenne l'habitude du *bien* et que je m'attache fermement dès à présent au devoir.

DROIT USUEL. — **Lire :** Tutelle. — Conseil de famille. — Subrogé-tuteur. — Inventaire des biens des mineurs. — Majorité. — Comptes de tutelle. — Émancipation (p. 203).

VI. — Les vieux parents.

344. Le cercle de famille n'est pas complet quand il ne compte pas quelque parent âgé, grand-père ou grand'mère des enfants qu'on élève (fig. 41).

345. Si vous avez le bonheur de conserver longtemps vos vieux parents, n'ayez pas de plus vif désir que de les avoir **auprès de vous.**

346. La loi se borne à dire : « Les enfants doivent les aliments à leurs parents qui sont dans le besoin. » Elle oblige les enfants à les nourrir ou à leur donner une pension alimentaire*.

Fig. 41. — La grand'mère bien soignée.

Mais l'**affection** et la **reconnaissance** que vous devez à vos parents exigent *plus que la loi*. Elles veulent, non seulement que vous donniez le nécessaire à ceux qui vous ont élevés, mais *que vous entouriez de vos soins leur vieillesse, comme ils ont entouré des leurs votre enfance.*

347. Ce n'est pas dans l'**isolement** que doivent

vieillir et mourir les parents : c'est *au foyer de leurs enfants.*

Gardez donc une place dans votre maison à votre père et à votre mère.

Supportez avec joie les charges que leurs infirmités peuvent introduire dans votre existence.

Au moment où la vie devient pour eux plus pénible et plus pauvre en jouissances, *réchauffez-les et égayez-les* par votre tendresse.

348. Vous agirez de même envers les parents de votre mari. Vous leur devez et vous devez à votre mari de vous dévouer à eux s'ils en ont besoin, comme à vos propres parents.

Ce devoir n'est pas toujours facile à accomplir.

Surmontez ces difficultés par votre **patience** et votre **douceur.**

N'oubliez pas que c'est aux jeunes à s'accommoder aux défauts des vieux, qui ont passé l'âge où l'on se corrige.

349. Les petites choses divisent souvent plus que les grandes : *sachez céder dans les petites choses.*

Ne soyez pas toujours occupées à peser comme dans une balance ce qu'on vous **doit** et ce que vous **devez.** Ne craignez pas de faire trop gros poids de déférence affectueuse et d'égards, à vos vieux parents.

Rappelez-vous d'ailleurs qu'il ne suffit pas de faire son devoir strictement et froidement. Le devoir n'est véritablement accompli que quand il l'est avec élan et chaleur de cœur.

350. La présence dans un intérieur du grand-père ou de la grand'mère est une précieuse ressource pour l'éducation des enfants; elle fournit l'occasion de leur apprendre de bonne heure à penser aux autres.

Les enfants sont trop disposés à croire que tout se fait pour eux dans la maison et à devenir égoïstes*. Il est salutaire qu'ils voient leurs parents s'occuper d'autres personnes que d'eux-mêmes.

LOI. — Les enfants doivent des *aliments* (on entend par là tout ce qui est nécessaire à la vie : logement, nourriture, vêtements) à leurs pères et mères, grands-pères et grand'mères qui sont dans le besoin. Cette obligation est également imposée aux gendres et belles-filles à l'égard de leurs beaux-pères et belles-mères.

Les beaux-pères et belles-mères doivent réciproquement des aliments à leurs gendres et belles-filles lorsqu'ils sont aussi dans le besoin.

RÉSUMÉ (à réciter).

1. Gardez une place dans votre maison à vos vieux parents et que ce soit la *meilleure*.
2. Entourez de soins leur vieillesse.
3. *Égayez* par votre tendresse les derniers temps de leur existence.
4. Apprenez à vos enfants à vénérer leurs grands parents.

DEVOIRS DE RÉDACTION. — 1. Racontez une petite histoire dans laquelle vous mettrez en scène une jeune femme qui aime beaucoup son enfant mais qui le soigne et l'élève mal parce qu'elle est très ignorante.
2. Décrivez un berceau et sa garniture. Parlez de son entretien.
3. Quels sont les devoirs d'une nourrice à l'égard de ses nourrissons.
4. Parlez des accidents qui surviennent aux enfants qu'on nourrit trop tôt avec des aliments solides.
5. Donnez la manière de préparer quelques soupes appropriées à l'alimentation du petit enfant.
6. Quelle est la meilleure façon d'apprendre à marcher pour un enfant ? Quels inconvénients y a-t-il à faire marcher un enfant trop tôt.
7. Pourquoi ne faut-il pas céder aux caprices des enfants ?
8. Dire par quels moyens vous rendriez un enfant bon et compatissant pour les animaux.
9. Nos devoirs envers nos parents âgés.

RÉCIT IV. — **Triste histoire.** — **Une vie manquée.**

I. L'Éducation de Louisa.

Louisa était la dernière venue des trois enfants du fermier Brunel. C'était une jolie petite fille, intelligente et vive, mais volontaire * et capricieuse. Ses parents avaient élevé avec fermeté leurs deux fils, Jacques et Julien, mais sous prétexte que Louisa était leur fille unique et la plus jeune de la famille, ils lui passaient toutes ses fantaisies.

Un jour, la petite Louisa avait trouvé amusant de verser dans la soupe, que sa mère venait de poser sur la table, la moitié d'une bouteille de vin. Naturellement il fallut renoncer à manger la soupe. Louisa aurait dû certainement être grondée : au lieu de cela, on rit beaucoup de sa sottise, ce qui l'encouragea à en inventer d'autres.

Une autre fois, elle cria et trépigna parce que sa mère ne voulait pas lui donner la moitié d'une orange destinée à son frère ainé, qui était un peu malade. La mère finit par céder et le pauvre Jacques fut privé de la moitié de son orange.

La petite en vint vite à se figurer qu'elle était maîtresse de faire tout ce qui lui plaisait, sans penser du tout aux autres. Quand on lui donnait un ordre, elle répondait : « Je ne veux pas » et la mère, au lieu de punir, renonçait à faire obéir Louisa.

A cinq ou six ans, c'était un de ces enfants gâtés que leurs parents trouvent quelquefois charmants, mais que les étrangers déclarent insupportables.

Quand elle en eut douze, tout le monde commença à la considérer comme une fille franchement mal élevée.

Ses parents eux-mêmes s'aperçurent que leur faiblesse avait laissé de vilains défauts se développer chez leur fille. Louisa était égoïste *. On avait fait toutes ses volontés, on ne lui avait pas appris à s'occuper des autres ; elle ne pensait qu'à elle.

Elle était paresseuse. Pour travailler il faut se donner de la peine et on ne l'avait pas habituée à s'imposer le moindre effort. Quand elle était punie à l'école pour n'avoir pas fait ses devoirs, sa mère donnait souvent tort à la maîtresse et allait quelquefois la prier de lever la punition. Ah ! qu'elle aurait bien mieux fait de remercier Mlle Imbert de sa sévérité !

A la maison, il n'y avait pas d'ouvrage que Louisa ne trouvât difficile ou désagréable. Lui mettait-on un balai dans les mains ? « Elle était si fatiguée qu'elle pouvait à peine se tenir debout. » La chargeait-on de surveiller le dîner ? « La chaleur du fourneau lui faisait mal à la tête. » Alors sa mère s'alarmait.

— Pauvre petite ! elle est délicate. Il faut la ménager. Elle aura bien le temps de s'abîmer de travail plus tard.

Le père Brunel n'était pas aussi aveugle que sa femme. Il aurait voulu qu'on reprît Louisa lorsqu'elle faisait mal et il lui déplaisait fort de la voir si peu laborieuse. Mais il n'était pas souvent à la maison. D'ailleurs Louisa recevait mal les remontrances ; au moindre mot de reproche, elle prenait un caprice, *éclatait* en sanglots en s'écriant qu'elle était bien malheureuse d'être toujours grondée, qu'elle voyait bien qu'on ne l'aimait pas, etc., etc. Puis elle courait s'enfermer dans sa chambre où elle *boudait* des heures entières.

— Elle deviendra plus raisonnable en grandissant, se disait la mère. Il faut prendre patience.

Malheureusement, les défauts de Louisa grandissaient avec elle. Les défauts sont comme les arbres : ils poussent chaque année des racines un peu plus longues et, plus on va, plus il est difficile de les arracher.

Et puis les défauts poussent aussi des rejetons. Qui en a deux ou trois et ne travaille pas à s'en débarrasser, en aura bientôt une demi-douzaine.

Paresseuse et volontaire, Louisa devint encore vaine et coquette. Elle était la plus jolie fille du village de Larnègo et elle le savait. Les compliments qu'elle recevait excitaient sa vanité et son goût pour la parure. Elle en arriva peu à peu à n'avoir guère d'autre préoccupation que de se faire de belles toilettes et d'aller les montrer aux fêtes des environs. Peu lui importait de dépenser pour des colifichets * plus qu'elle ne gagnait.

Sa mère, toujours faible, lui donnait de l'argent en cachette.

— Il faut bien que jeunesse se passe, pensait-elle. Quand se récréera-t-elle, si ce n'est à dix-huit ans ?

Le père, lui, était très mécontent des progrès que faisait chez Louisa la frivolité*. Souvent, il la réprimandait sévèrement. Parfois, Louisa elle-même comprenait qu'elle faisait mal ; elle essayait de se corriger. Mais comme elle n'avait pas été habituée à se plier à une règle; elle n'avait point de force de volonté pour persévérer. Elle se laissait bientôt entraîner de nouveau par les conseils et les exemples de mauvaises camarades.

Il arriva précisément qu'une jeune fille un peu plus âgée que Louisa, très élégante, vaniteuse et légère, se prit pour elle d'une grande amitié. Elle avait été domestique dans une grande ville et elle en avait rapporté de fâcheuses habitudes de paresse et de dépense excessive. Certes, c'était là une dangereuse compagnie qu'une fille prudente aurait dû fuir. Mais quoi? elle racontait tant de belles choses sur les toilettes des grandes dames dont elle avait été la femme de chambre à la ville! Ses récits enchantaient Louisa, qui pouvait les écouter, tout éblouie, pendant des heures entières.

Le père de Louisa, qui savait à quoi s'en tenir sur le compte de la nouvelle amie de sa fille, lui défendit de la fréquenter. Elle commit la faute de continuer à la voir en secret, et elle s'habitua peu à peu à tromper et à mentir.

Un certain dimanche d'automne, un bal devait avoir lieu dans un village voisin de Larnège. Louisa, plus avide de plaisir que jamais, grillait d'envie d'y aller; mais son père ne lui permettait de danser aux fêtes hors du hameau que lorsque le frère aîné pouvait l'accompagner. Or, ce jour-là, Jacques devait précisément faire une course d'affaires au chef-lieu du département, à Troyes.

Fig. 42. — Je te défends d'aller à la danse seule.

Cependant, poussée par les encouragements de son amie, Louisa se mit en tête d'aller malgré tout à ce bal.

Le samedi, son père la surprit occupée à faire les apprêts de sa toilette.

— Que fais-tu là? lui dit-il (fig. 42). Oublierais-tu par hasard mes défenses? En ce cas, je te les rappelle. Demain, pas plus qu'un autre jour, entends-tu, je ne te permets d'aller à la danse seule et encore moins accompagnée de gens à qui tu ne devrais jamais parler.

Louisa ne répondit rien; à la table de famille, le soir, elle ne dit pas un mot et, le repas fini, elle courut s'enfermer dans sa chambre avec un air très irrité.

II. Le lendemain d'un bal.

— Où donc est Louisa, femme? demanda le père Brunel en rentrant chez lui vers la fin de l'après-midi du dimanche.

— Je ne sais pas, père; sans doute elle ne tardera pas à rentrer.

Mais la nuit vint, l'heure du souper avec elle et Louisa ne parut pas.

Le père Brunel s'assit à table, d'un air sombre; l'absence de sa fille l'inquiétait; plusieurs fois il se demanda si elle ne lui avait pas désobéi et n'était pas allée à la fête de Perreux. La mère, à laquelle il en dit un mot, chercha à le rassurer, mais au fond elle n'était pas moins préoccupée que lui.

La soirée s'avançait. Julien avait gagné son lit.

— Va te coucher, dit le père Brunel à sa femme, j'attendrai.

Il attendait depuis près d'une heure, en se promenant de long en large avec agitation dans la grande cuisine, quand il entendit ouvrir avec précaution la porte de la cour; il écouta : on parlait bas. Par les volets entrebâillés de la fenêtre, il aperçut sa fille faisant ses adieux à son amie, l'ancienne femme de chambre. Puis elle traversa rapidement la cour et se glissa dans la maison. Elle avait

Fig. 43. — C'est donc comme une voleuse que tu rentres chez ton père!

aperçu la lumière et cherchait à gagner sa chambre sans être vue.

Mais au moment où elle atteignait la première marche de l'escalier, la main de son père se posa sur son épaule.

— C'est donc comme une voleuse, à pas de loup, en tremblant d'être entendue, que tu rentres chez ton père? lui dit-il sévèrement (fig. 43).

Il l'entraîna dans la cuisine, sous la lumière de la lampe; il vit qu'elle avait bien ses beaux habits de fête et qu'elle venait de lui désobéir.

Alors il lui dit des paroles terribles:

— Tu as commencé par être légère, paresseuse et vaniteuse; maintenant te voilà devenue menteuse et désobéissante et tu es l'amie des pires filles que l'on trouve dans le pays. Tu n'as qu'à continuer dans cette voie pour être bientôt semblable aux camarades que tu as choisies et nous déshonorer tous.

Il lui dit bien d'autres choses encore.

Louisa écouta ses reproches, la tête baissée, sans un mot de repentir.

Quand elle fut remontée dans sa chambre, sa mère, qui avait tout entendu de la sienne, vint la supplier en pleurant de redescendre pour essayer d'obtenir le pardon de son père. Louisa s'y refusa.

Le père Brunel ne se coucha pas cette nuit. Il était une heure du matin, et il devait partir à quatre heures avec sa femme pour une foire des environs.

Jacques ne devait revenir de Troyes que le surlendemain. Louisa et son jeune frère restaient donc seuls à la maison.

De bonne heure, Julien partit avec le troupeau pour une prairie éloignée. Quand les parents rentrèrent le soir, la porte était fermée, la maison déserte. Inquiète, la mère courut à la chambre de Louisa: elle était vide et en désordre comme après un départ

Fig. 41. — Elle est partie! s'écria la mère.

précipité; dans l'armoire ouverte (fig. 44) manquaient la plupart des vêtements de la jeune fille.

« Elle est partie ! » s'écria la mère.

. . . .

Pendant longtemps on ne sut pas à Larnège, ce qu'était devenue Louisa; un beau jour, quelqu'un raconta qu'on l'avait rencontrée à Paris où elle était domestique dans une grande maison.

La mère Brunel se procura l'adresse de ses maîtres et fit écrire plusieurs lettres. Aucune n'obtint de réponse.

Le père, qui était censé ne rien savoir des démarches de sa femme, allait tous les jours, sans faire semblant de rien, travailler le matin du côté par où arrivait le facteur. Mais le facteur n'apportait rien et le pauvre père revenait chaque jour plus triste et plus sombre à la maison. Depuis le lendemain du bal, ses cheveux, restés noirs jusque-là, avaient tout à coup grisonné.

Pour sortir de cette inquiétude, on décida enfin que Jacques ferait un voyage à Paris et tâcherait de voir sa sœur.

Il allait partir quand le bruit se répandit dans le hameau que les maîtres de Louisa l'avaient renvoyée parce qu'ils n'étaient pas satisfaits de sa conduite.

La chose n'était malheureusement que trop vraie, ainsi que l'écrivit la maîtresse de Louisa, en réponse à une lettre des Brunel; non seulement la jeune fille avait quitté sa maison, mais son ancienne maîtresse ignorait complètement où elle était allée en en sortant; elle n'avait pu recommander à personne une domestique qu'elle était forcée de chasser.

Ainsi, le père Brunel avait dit juste : Louisa en était arrivée à faire la honte des siens.

La mère n'osait plus sortir, de peur de rencontrer les voisines dans ce village où l'on disait autrefois, en manière de proverbe : « Honnête comme un Brunel ».

Quant au père, il avait défendu qu'on prononçât dorénavant devant lui le nom de sa fille. « Je n'ai plus de fille, » dit-il un jour brusquement à quelqu'un qui lui parlait d'elle. Ses cheveux, de gris devinrent blancs, et ses mains étaient si tremblantes qu'il ne pouvait plus boucler les courroies quand on attelait la vieille jument à la carriole.

Bien triste était maintenant la joyeuse maison d'autrefois.

III. « HOSPITALITÉ DE NUIT. »

C'est le soir, en décembre.

Une pluie glaciale tombe sur Paris; une fine boue glissante couvre trottoirs et chaussées.

Il fait noir dans les rues, malgré les innombrables lumières des becs de gaz et des lanternes de voitures.

La tête baissée sous leur parapluie, les passants vont à grands pas, pressés de retrouver chez eux des habits secs, un bon feu et le repas du soir pour les réconforter*.

Devant une grande porte fermée, des femmes se pressent (fig. 45), transies de froid sous de pauvres habits minces ou déguenillés; quelques-unes ont dans leurs bras de petits enfants qui crient parce qu'ils ont froid et peut-être parce qu'ils ont faim.

Fig. 45. — Devant une grande porte fermée, des femmes se pressent.

Au-dessus de la porte, on lit sur un large écriteau: « Hospitalité de nuit. » Là, grâce à des personnes charitables, ceux qui sont assez misérables pour n'avoir point de chez-soi, vont trouver le repos pendant une nuit. Derrière cette porte qui va s'ouvrir, il y a des lits propres pour ceux qui n'en ont pas, du feu pour ceux qui ont froid, et un bon accueil pour réchauffer aussi le cœur des gens malheureux et tristes.

Personne ne doit avoir plus besoin d'un bon lit et de quelques paroles d'encouragement qu'une pauvre femme qui se tient appuyée au mur comme si elle n'avait plus la force de rester debout. Elle a sans doute bien souffert pour devenir aussi affreusement pâle et maigre; à voir sa figure, on se dit qu'elle a dû être jolie; elle a encore de beaux yeux, mais le regard terne et fatigué fait mal à voir. Des cheveux blonds, qu'elle n'a plus le courage de peigner, s'échappent du petit fichu qui lui recouvre à peine la tête et n'empêche pas la pluie de ruisseler sur sa figure. De ses pauvres mains osseuses elle ramène sur ses épaules grelottantes les lambeaux d'un tricot de laine. De temps en temps, une quinte de toux soulève sa poitrine et fait monter un peu de rouge à ses joues décolorées.

Enfin la porte s'ouvre! Les femmes poussent un ah! de satisfaction et quittent la rue humide et glacée pour l'abri qu'on leur offre.

La femme aux cheveux blonds est entrée des dernières : elle a peine à se traîner. Une dame à la figure bienveillante s'approche d'elle, tenant à la main le petit registre sur lequel on va inscrire les pensionnaires de la nuit.

— Vous paraissez bien souffrante, lui dit-elle doucement ; heureusement vous trouverez ici le repos qui vous est nécessaire. Mais vous savez que nous ne pouvons vous garder plus de trois nuits? Avez-vous déjà pensé à ce que vous pourriez faire en sortant d'ici ? Vous n'êtes par malheur guère en état de travailler. N'avez-vous personne qui puisse vous recueillir et vous soigner?

— Personne, dit la femme en secouant la tête.

— Comment! ni frère ou sœur, ni père ou mère? Avez-vous perdu toute votre famille ?

— J'ai mon père et ma mère, et des frères aussi, murmura la femme à voix très basse.

— Eh bien, alors ?

— Mais ils sont loin. Et puis... et puis il y a bien longtemps que je les ai quittés. Plus de sept ans! ajouta-t-elle comme se parlant à elle-même. J'en avais dix-neuf alors. Sept ans, c'est toute une vie, et quelle triste vie, hélas ! pour une pauvre malheureuse comme moi. »

La dame avait écouté très attentivement et comme elle avait vu beaucoup de misères, elle avait presque deviné à ces quelques mots l'histoire de la personne qu'elle avait devant elle ; elle la regardait avec une profonde pitié.

— Eh bien, dit-elle après un moment de silence, puisque vous ne pouvez pas recourir à votre famille, le mieux pour vous sera d'entrer à l'hôpital.

— Oh! madame, je vous en prie, s'écria la pauvre fille en éclatant en sanglots, ne m'envoyez pas mourir à l'hôpital. Je veux revoir ma mère, je veux obtenir le pardon de mon père auquel j'ai désobéi ; ç'a été la première de mes fautes, la cause de toutes les autres. Vous êtes bonne, faites que je retrouve les miens.

— Je veux bien essayer, mon enfant, et j'espère réussir. Dites-moi votre nom.

— Louisa Brunel.

— Où demeurent vos parents?

— A Larnège, département de l'Aube.

— C'est bien, j'écrirai ce soir. Allez maintenant vous reposer, mon enfant. »

Deux heures après, la lettre que voici partait pour Larnège, à l'adresse de Madame Brunel.

Madame,

Vous aviez une fille et vous l'aviez perdue. Elle est retrouvée. Je sais par elle qu'elle a dû vous donner de grands chagrins; mais elle aussi a beaucoup souffert. Si vous lui rouvrez votre maison, vous y recevrez une pauvre enfant qui demande à obtenir votre pardon avant de mourir. Je crains bien qu'elle n'ait, en effet, que peu de jours à vivre.

Je la conduirai au chemin de fer après-demain, à moins que d'ici là vous ne m'écriviez de ne pas le faire. Je vous prie de venir la chercher à Troyes, car elle serait hors d'état de se rendre à Larnège.

Vve BESSON
Employée à l'Œuvre de l'hospitalité de nuit.

IV. LE RETOUR DANS LA MAISON PATERNELLE.

Le train venait d'entrer en gare.

— Troyes! Troyes! criaient les employés. Par ici la sortie!

La foule des voyageurs se hâtait vers la porte vitrée; derrière celle-ci se montraient des figures impatientes, des yeux qui cherchaient quelqu'un dans cette foule avec un peu d'anxiété*, puis brillaient joyeusement quand ils avaient trouvé. Des amis venaient attendre un absent qu'on n'avait pas revu depuis de longues années; au contraire, c'était à la rencontre du mari, parti seulement de la veille, que venait une jeune femme tenant à la main deux petits enfants impatients de se jeter au cou de « papa ». Il y avait aussi là une mère qui attendait sa fille et qui se sentait à la fois heureuse et bien triste. Quel changement allait-elle trouver dans son enfant?

Un bien grand, sans doute, et elle avait tâché de s'y préparer d'avance. Mais la vérité dépassait encore ce qu'elle avait imaginé et quand la pauvre mère Brunel aperçut sa Louisa, elle eut peine à ne pas pousser un cri...

Les deux femmes avaient pris une voiture de louage avec laquelle elles devaient arriver à Larnège à la nuit close. Quand Louisa fut assise sur la banquette et enveloppée dans une bonne mante apportée pour elle le matin, elle laissa tomber sa pauvre tête fatiguée sur l'épaule de sa mère et pleura de tout son cœur.

Puis elle raconta l'histoire de ces sept années passées loin de la maison paternelle, une histoire lamentable que les mères pourraient se redire quand elles sont tentées d'oublier que le devoir des parents est d'être sévères pour les défauts de leurs enfants.

Comment la pauvre Louisa, ayant commencé par être paresseuse et coquette, en était venue peu à peu à la misère présente, la mère Brunel dut le deviner plutôt que l'entendre, car, plus d'une fois, les larmes interrompirent le récit.

Fig. 46. — « Il me semble que je connais cette figure, » dit Louisa.

En traversant un village (fig. 46), les voyageuses aperçurent, assise devant une gentille maisonnette, une jeune femme entourée de trois ou quatre petits enfants qu'elle regardait jouer d'un air ravi, tout en poussant son aiguille.

— Il me semble que je connais cette figure, dit Louisa.

— Je crois bien ; c'est Rosalie, notre ancienne petite voisine. Elle est mariée avec un maréchal ferrant, qui est le plus brave homme de la contrée, et elle élève comme tu vois une jolie famille.

Louisa soupira.

— Et moi aussi, murmura-t-elle, j'aurais pu être heureuse, avoir un bon mari, de beaux enfants, une maison bien tranquille. Ah! comme j'ai gâté ma vie! Et j'ai gâté la vôtre aussi, mes pauvres parents, ajouta-t-elle.

Louisa comprit à quel point elle disait vrai, quand elle aperçut son père à son arrivée, le soir, dans la grande cuisine. En voyant le pauvre homme devenu avant l'âge, un vieillard, elle se laissa tomber sur un banc et se couvrit le visage de ses mains ; à peine put-elle entendre, tant son émotion était grande, les paroles de pardon et d'affection qu'il lui adressait.

. . . .

Louisa s'affaiblissait chaque jour davantage ; la petite toux sèche devenait effrayante à entendre. L'air du pays, le bon lait, les soins et l'affection des siens étaient venus trop tard pour la guérir, ils ne pouvaient que l'aider à mourir plus doucement.

Elle s'éteignit dès les premiers jours du printemps.

Dans le village, où elle s'était fait aimer depuis son retour, on ne parle d'elle qu'en l'appelant « pauvre Louisa ».

Pauvre Louisa, en effet, car sa vie a été une vie manquée.

V

HYGIÈNE ET SOINS AUX MALADES

1° HYGIÈNE.

I. — Comment on conserve la santé.

351. Si l'on rencontre une personne que l'on n'a pas vue depuis un peu de temps, on commence d'ordinaire par lui faire cette question :

« Comment allez-vous? »

Lorsqu'on la quitte, on lui dit :

« Portez-vous bien. »

352. Au nouvel an, on se souhaite les uns aux autres « une bonne santé. »

353. On a joliment raison. Une **bonne santé** est la chose *la plus précieuse* que l'on puisse posséder.

HYGIÈNE ET SOINS AUX MALADES.

354. Mais elle a bien des ennemis, notre santé. Voyez autour de vous : que d'enfants, que de grandes personnes ayant des maladies et des infirmités ! Et souvent par leur faute !

355. Ce n'est pas qu'on puisse, par la volonté, s'exempter de toutes ces misères. Cependant on en évite quelques-unes en suivant les règles de **l'hygiène.**

356. *L'hygiène enseigne comment il faut vivre pour se bien porter.*

357. Voilà, direz-vous, une science que tout le monde devrait étudier.

358. C'est vrai. Mais il ne suffit pas de l'étudier, il faut s'appliquer à suivre les préceptes qu'elle enseigne.

359. Pour se bien porter, il faut se préserver *du froid*, respirer un *bon air*, se nourrir *convenablement*.

360. Il faut aussi être *très propre*, se donner de l'*exercice*, dormir *suffisamment* et ne pas faire *d'excès*.

Enfin, il faut vivre en bon accord avec tous et s'efforcer d'être content de son état.

Examinons ces divers points les uns après les autres.

RÉSUMÉ (à réciter).

1. L'hygiène enseigne comment il faut vivre pour se bien porter.

2. Voulons-nous avoir une bonne santé ? préservons-nous du froid ; respirons un bon air ; nourrissons-nous convenablement ; soyons très propres ; faisons de l'exercice ; dormons suffisamment ; ne faisons pas d'excès ; vivons en bon accord avec tout le monde ; soyons contents de notre sort.

HYGIÈNE ET SOINS AUX MALADES.

II. — Se préserver du froid.

361. Nous avons besoin d'être garantis par nos *vêtements* contre le *froid* et l'*humidité*.

362. Certaines parties du corps doivent être particulièrement bien couvertes : ainsi, la poitrine, les pieds ne veulent pas souffrir du froid et surtout du froid humide.

363. Rien ne vaut, pour les enfants, de bons *sabots de bois* en hiver ou de bonnes galoches (fig. 47).

Ce n'est pas élégant, les sabots et les galoches; c'est lourd, cela fait du bruit. Mais comme la santé s'en trouve mieux que de l'emploi de jolies bottines fines (fig. 48)!

FIG. 47. — Bons sabots.   FIG. 48. — Fines bottines.

Sur une route couverte de boue ou de neige, ces braves sabots vous portent comme deux petites barques qui ne laissent jamais rien arriver jusqu'à vous, des choses mouillées sur lesquelles on marche.

364. Bien chaussé, on peut affronter le mauvais temps pour venir à l'école.

365. Il faut se **méfier** du froid, mais n'en pas avoir *peur* cependant.

S'envelopper jusqu'aux yeux dans des *foulards* ou dans des *cache-nez* est une mauvaise habitude qui ne sert qu'à rendre **plus sensible**; *on s'enrhume dès que l'on dépose ces enveloppes.*

Mieux vaut **s'aguerrir**, s'habituer à braver le

froid. Il n'est jamais malsain quand on ne reste pas immobile.

Le grand moyen de bien résister au froid c'est **le mouvement**. Vous avez froid aux pieds ? **courez**. Vos mains sont glacées ? Ne les approchez pas du feu ; *frottez-les, battez-les l'une contre l'autre ;* vous verrez comme elles seront vite réchauffées.

366. Ce qui est plus à craindre que le froid, ce sont les **refroidissements**.

Vous êtes-vous mises en sueur par un travail fatigant ou une course rapide ? Le moment serait mal choisi pour vous *arrêter* sous une ombre épaisse, vous *étendre* sur la terre fraîche, vous placer dans *un courant d'air* ou encore *boire de l'eau glacée*.

En faisant ces choses, vous empêcheriez la sueur de s'évaporer au-dehors, et elle pourrait alors occasionner à l'intérieur de graves désordres.

Beaucoup de maladies : pleurésie, fluxion de poitrine, maux de gorge, etc., n'ont pas d'autre cause que ces imprudences, si souvent commises étourdiment par les enfants et même par les grands.

Si, étant tout en sueur et vous étant refroidis, vous sentiez des *frissons* vous parcourir le corps, hâtez-vous de **marcher vite** et même de **courir** pour ramener la chaleur.

Si les frissons persistaient, n'hésitez pas à vous mettre au lit et à rappeler la sueur en buvant plusieurs tasses de tisane bien chaude.

367. Pour se défendre contre le froid et la pluie, les hommes ont encore imaginé autre chose que le vêtement : ils se construisent des **habitations**.

368. Nos maisons, pour être bonnes à habiter, doivent être bien *orientées :* si leur façade regarde vers le **nord** (fig. 49), elles seront froides ; elles ne

recevront pas souvent la visite du soleil et *le soleil est le grand médecin qui réchauffe et vivifie tout sur la terre.*

Tournons donc les fenêtres de nos demeures vers le *midi* ou vers le *levant* (fig. 50).

Dès le matin, un chaud rayon viendra frapper notre vitre et nous dire joyeusement : « Arrière la

Fig. 49 — Maison dont la façade regarde le *nord* : mauvaise orientation.

Fig. 50. — Maison dont la façade est au *levant* : bonne orientation.

paresse ! lève-toi promptement. Vive le travail et la santé ! »

Voilà ce que dit le soleil matinal à ceux qui savent l'entendre et il a bien le droit de parler ainsi, le bon soleil, car il nous apporte en effet la santé. Nos maisons seraient mal avisées de lui tourner le dos.

369. Une maison **saine** est bâtie *sur cave* et son

rez-de-chaussée est *élevé de quelques marches au-dessus du sol.*

370. Une maison sans cave, est une maison humide.

Malheur à qui séjourne plusieurs années de suite dans une telle maison !

Les douleurs rhumatismales, les rhumes dégénérant en pleurésies, en bronchites et en phtisie, seront son lot, tôt ou tard.

371. Toujours pour éviter l'humidité, les *eaux du toit* doivent être conduites à une certaine distance des murs ; les *eaux ménagères* * ont aussi besoin d'avoir un écoulement régulier.

372. Surtout pas d'eau **croupissante** *, de tas de fumier alentour des habitations !

Qu'on puisse entrer chez vous et en sortir *à pied sec*, sans traverser ces mares repoussantes et fétides * qui servent de cour d'honneur à certaines fermes dans nos campagnes.

Ces cours-là contiennent par milliers des germes de maladie pour les bêtes et les gens.

RÉSUMÉ (à réciter).

1. Nous nous préservons du froid et de l'humidité au moyen des vêtements et des habitations.

2. Une maison saine est tournée vers le *levant* ou vers le *midi ;* sa façade reçoit en plein le soleil. Elle est bâtie sur caves.

3. La meilleure chaussure, en hiver, est une bonne paire de *sabots.*

4. Trop se couvrir, faire usage de cache-nez, c'est s'exposer aux rhumes.

5. Le grand moyen de résister au froid c'est le *mouvement.*

6. On doit éviter à tout prix les refroidissements quand on est en sueur.

7. Si, étant en sueur, on éprouve des *frissons*, on doit immédiatement *courir* pour se réchauffer.

8. Le séjour dans des chambres *humides* est pernicieux. On doit éviter le voisinage des *eaux croupissantes*.

III. — Respirer un bon air

373. Le bon air, l'air pur, c'est **en plein champ** et dans le voisinage des arbres qu'on est sûr de le trouver (fig. 51).

Aussi les campagnards ont-ils beaucoup plus de chances de se bien porter que les gens de la ville : *ils respirent un air de première qualité.*

Chaque fois que leur poitrine se soulève, ils font entrer dans leurs poumons d'excellents matériaux pour se faire du sang abondant et généreux.

374. Cet air-là vaut mieux que bien des flacons d'huile de foie de morue et de vin de quinquina* et il ne se vend pas au litre et fort cher chez le pharmacien.

FIG. 51. — Avec le bon air des champs, on n'a pas besoin d'huile de foie de morue.

Pensez-y, enfants de la campagne, lorsque vous projetez quelquefois d'aller, quand vous serez grands, chercher fortune à la ville.

375. Mais tout le monde ne peut vivre en plein air. Beaucoup passent la plus grande partie de leur vie entre les quatre murs d'une maison.

Comment faire pour s'y bien porter ?

376. Eh bien, quand on ne peut aller chercher l'air

pur, il faut le faire venir à soi : **aérer** le plus souvent et le plus complètement possible les appartements que l'on habite.

Soir et matin, **ouvrez** toutes grandes portes et fenêtres ; qu'un fort courant d'air donne un **grand coup de balai** dans cette atmosphère, que vous avez viciée* en y respirant, et la remplace par de l'air tout neuf.

377. Dans l'intervalle de ces deux aérations, ouvrez encore à plusieurs reprises pendant quelques instants les fenêtres de la salle ou de la chambre dans laquelle vous séjournez.

378. Quoi ! direz-vous, même en hiver, même quand il gèle ?

— Comment donc ? surtout en hiver.

L'été, vous êtes seuls à vicier* l'atmosphère de la maison ; l'hiver, votre poêle y travaille avec vous, en produisant des gaz mauvais à respirer.

379. *Aérez donc en toute saison.* Surtout, bonnes ménagères, songez à ouvrir votre fenêtre au moment où vous faites le dîner.

380. L'air des habitations peut aussi être nuisible par les **poussières** qu'il contient ; il faut donc diminuer le plus possible la quantité de ces poussières en entretenant partout une extrême propreté.

Balayez chaque jour. Passez un balai recouvert de linge sur les murs et en particulier dans les angles. *Lavez souvent les planchers.*

381. Ne laissez pas non plus séjourner les eaux sales dans les chambres à coucher.

RÉSUMÉ (à réciter).

1. L'air le plus pur est celui de la campagne.

2. Les campagnards ont beaucoup plus de chances de se bien porter que les gens de la ville.

3. A la ville ou à la campagne, il faut aérer sans cesse

les appartements en ouvrant souvent les fenêtres et en établissant des courants d'air.

4. L'air d'une chambre dans laquelle nous avons respiré quelque temps est vicié*.

IV. — Se nourrir convenablement.

382. L'air pur apporte au sang des matériaux.

Mais, de son côté, l'estomac doit lui en préparer avec ce que nous mangeons, avec les **aliments**.

383. L'hygiène a aussi son mot à dire sur l'alimentation :

« Mange de tout, » nous dit-elle.

« Du pain tout seul ne te nourrirait pas, de la viande non plus, des légumes non plus.

« Il faut fournir à l'estomac des **aliments variés** dans lesquels il puise les choses diverses nécessaires à l'organisme *. Aucun aliment ne réunit **toutes** ces choses, si ce n'est le lait, les œufs et, dans une certaine mesure, le pain.

384. « Apprête avec soin les aliments, mais ne les accompagne pas de trop d'épices.

« Il n'est pas mauvais qu'un mets soit appétissant ; mais un régime simple vaut mieux pour la santé qu'une nourriture recherchée.

385. « Souviens-toi qu'on est nourri, non par ce qu'on avale, mais par ce qu'on **digère**.

« Pour bien digérer, mâche avec soin les aliments. C'est te dire que tu dois te conserver de bonnes dents ; *sans bonnes dents, pas de bon estomac*.

386. « Fais tes repas à des heures régulières. Toutefois ne te trouve pas bien à plaindre s'il faut un jour retarder ton dîner ou même t'en passer pour une fois.

387. « Ne mange rien entre les repas. Quand

l'estomac est au milieu de sa besogne, il n'aime pas qu'on lui en apporte d'autre ; il est obligé de recommencer, ce qui le fatigue et finit par le dégoûter de bien faire.

« Les enfants qui grignotent sans cesse mille choses dont ils bourrent leurs poches, se préparent un mauvais estomac pour l'avenir.

388. « Enfin bois, à ton ordinaire, **de l'eau**, de préférence à toute autre boisson. Ta bourse et ta santé s'en trouveront également bien. »

RÉSUMÉ (à réciter).

1. Notre corps a besoin de réparer ses forces à mesure, par une bonne nourriture.
2. Une bonne nourriture se compose d'aliments divers ; un seul ne suffit pas, à moins que ce ne soit le *lait*.
3. Un régime simple vaut mieux pour la santé qu'une nourriture recherchée.
4. Les bons aliments sont ceux qui se digèrent bien, car on est nourri, non par ce qu'on mange, mais par ce qu'on *digère*.
5. De toutes les boissons, la plus saine est *l'eau*.

V. — Il faut être très propre.

389. On vous a déjà dit : Soyez propre, parce qu'être sale est fort laid.

390. Être sale est aussi *très malsain*.

391. Nous ne respirons pas par les poumons seulement ; nous respirons aussi par la peau, à travers laquelle passe également la sueur.

392. Il faut donc la tenir en bon état en nous *lavant journellement*.

393. Mais se laver, ce n'est pas se promener doucement un linge mouillé sur la figure et se savonner les mains.

394. C'est *tout le corps* qui a besoin d'être approprié fréquemment; ensuite c'est à *grande eau* et, de temps en temps, avec de l'eau chaude et du savon, qu'il faut se laver.

395. Après le lavage *frictionnez-vous* vivement avec un linge un peu rude.

Votre peau rougira. Tant mieux ! Ce sera une preuve que le sang circule mieux dans les petits canaux qui la parcourent en tous sens. Or, **activer** la circulation du sang est justement un des *grands avantages de la propreté.*

396. On peut prendre tous ces soins chez soi. En ville, cela n'empêche pas d'aller au bain aussi souvent qu'on le peut.

397. Les bains froids, si l'on habite le voisinage d'une rivière, sont excellents et très fortifiants.

398. Il n'est presque pas besoin de recommander aux gens qui se lavent avec soin de **changer** souvent de linge : quand on est propre, on n'a nulle envie de se remettre dans des vêtements sales.

RÉSUMÉ (à réciter).

1. La *propreté* est indispensable à la santé.
2. La peau ne fonctionne bien que si elle est maintenue bien nette par des lavages de chaque jour.
3. Le lavage, suivi d'une friction, débarrasse les pores de la peau de ce qui pourrait les obstruer*; il active la circulation du sang.
4. Un grand bain tiède est nécessaire de temps à autre; les bains froids ont en outre l'avantage d'être très fortifiants.

VI. — Faire de l'exercice.

399. L'exercice, c'est-à-dire le mouvement, est indispensable à la santé (fig. 52).

Nous ne sommes pas faits pour vivre toujours à la même place comme les plantes ; il est bon pour nous de *marcher, de courir,*

400. On n'a guère à vous le dire maintenant : à l'heure de la récréation, vous savez bien, sans qu'on vous y oblige, sauter, danser, courir à perdre haleine, crier à pleins poumons, toutes choses excellentes pour votre développement.

401. Plus tard, quand vous serez des femmes

Fig. 52. — *L'exercice* est un des meilleurs moyens d'entretenir la santé.

occupées, vous serez plus tentées d'oublier que *le mouvement est nécessaire*.

Eh bien ! rappelez-vous alors ce qu'on vous a dit à l'école : *l'exercice est un des meilleurs moyens d'entretenir la santé*.

402. En attendant, prenez joyeusement et bruyamment vos ébats à la récréation, mais souvenez-vous ensuite que vous avez fait là provision de force pour le travail.

Le travail est aussi un exercice, et quand on s'y livre avec intelligence et activité, *il contribue à nous maintenir en bonne santé*.

403. Mais parmi toutes vos leçons, il en est une particulièrement utile au point de vue de l'hygiène : c'est la leçon de **gymnastique**, pendant laquelle on s'applique à *fortifier* et à *assouplir* tous vos muscles * par des mouvements bien réglés.

Inutile sans doute de vous conseiller d'apporter toute votre ardeur à cette leçon : elle est trop amusante pour ne pas vous plaire.

RÉSUMÉ (à réciter).

1. Nos membres sont faits pour se remuer, non pour rester immobiles.

2. La marche, la course et tous les exercices qui demandent de la force et qui fatiguent, sont excellents pour la santé.

3. Aussi le travail manuel est-il très salutaire.

4. Parmi tous les exercices du corps, la gymnastique est particulièrement utile pour fortifier et assouplir les muscles.

VII. — Dormir suffisamment.

404. S'étendre dans son lit et s'y reposer la nuit des fatigues de la journée est chose bien agréable.

405. Toutefois, il ne faut pas y rester *trop longtemps*.

Le sommeil prolongé alourdit, amollit et énerve ; il affaiblit au lieu de rendre des forces.

406. Mais rester dans son lit le matin, quand on est éveillé est surtout funeste.

Quittez votre lit dès que vous avez les yeux ouverts.

407. Le soir, regagnez-le **de bonne heure** et sans vous faire prier.

Les veilles sont mauvaises pour les enfants. « *Couchez-vous tôt et levez-vous matin,* » voilà la règle que leur impose l'hygiène.

408. Quand vous serez de grandes personnes, vous serez plus d'une fois tentées de vous priver de sommeil, afin d'allonger la journée de travail ; c'est souvent une nécessité pour les gens peu aisés.

Mais il ne faut pas se laisser aller à user

trop souvent de ce moyen : le sommeil est **nécessaire** à tout âge pour *réparer les forces*.

RÉSUMÉ (à réciter).

1. Le sommeil est aussi indispensable que la nourriture pour réparer nos forces.

2. Je prendrai le repos nécessaire, mais je n'en prendrai pas plus qu'il ne faut ; je me coucherai de bonne heure ; je me *lèverai matin* ; je quitterai mon lit dès que je m'éveillerai.

VIII. — Ne pas faire d'excès.

409. L'hygiène conseille d'user de toutes choses avec **modération**.

410. Une chose excellente devient mauvaise si on en **abuse**.

411. Aussi les personnes *raisonnables*, qui savent se modérer, ont-elles plus de chances de se bien porter que celles qui se laissent entraîner par leurs caprices et ne savent rien se refuser.

412. Abandonnez-vous, par exemple, à la gourmandise ; elle ne tardera pas à vous gouverner, et votre santé s'en ressentira.

413. Ayez, au contraire, de la fermeté et de la *volonté* pour résister au besoin à vos goûts : votre santé y gagnera comme votre conduite.

414. Les mauvaises habitudes entrent chez nous à petit bruit, y font des progrès chaque jour et *finissent par y commander en maître*. Quand nous voulons les chasser, souvent il est trop tard ; le penchant que nous avons laissé se développer est plus fort que nous.

415. De toutes les choses dont on abuse, la boisson est une des plus **malfaisantes**. Heureusement, les femmes qui se livrent à l'ivrognerie sont rares en France !

416. Mais vous pourrez avoir autour de vous des hommes tentés de s'y adonner. Sachez bien, pour le leur redire, que *l'alcool est un poison qui ruine la santé et détruit l'intelligence* (fig. 53).

Chaque *petit verre* prend quatre sous dans la poche du buveur, mais il prend bien plus dans le **trésor de sa santé.**

417. Voulez-vous ménager ce trésor ?

Détournez ceux qui vous entourent de la fréquentation du cabaret.

Fig. 53. — « Il n'est pas méchant, mon pauvre homme! C'est l'eau-de-vie qui le rend fou; sans elle, il ne m'aurait pas mise dans l'état où me voilà! »

Qu'une bonne soupe chaude toujours prête le matin pour le travailleur qui va se rendre à l'ouvrage l'empêche de recourir au fatal « petit verre d'eau-de-vie » dont l'habitude est si vite prise.

418. Vous le voyez, il dépend en grande partie de vous de conjurer les dangers de l'ivrognerie.

RÉSUMÉ (à réciter).

1. *J'userai de toutes choses avec modération; je ne m'abandonnerai pas à la gourmandise.*

2. *Qui cède à ses fantaisies est bientôt gouverné par elles.*

3. *C'est ce qu'il faut sans cesse répéter à ceux qui seraient tentés de s'adonner à la gourmandise, à l'ivrognerie ou à tout autre vice.*

IX. — Vivre en paix et en joie.

419. Est-ce l'affaire de l'hygiène de vous commander le bon accord avec votre prochain ?

Certainement.

420. Les disputes, les querelles troublent le sommeil et tout le reste.

On dit que « la méchanceté sèche le corps, » et c'est vrai.

421. Les malveillants, les méchants sont malheureux : personne ne les aime, ils vivent le front plissé et le cœur serré. Or, lorsqu'on n'est pas heureux, on se porte moins bien.

422. L'hygiène dit enfin : « Sois content de ton état. »

Et là encore, elle ne se mêle que de ce qui la regarde. Les envieux n'ont pas un moment de repos ; ils se tourmentent d'être moins riches qu'un tel, plus mal habillés que tel autre ; *le souci les ronge* et leurs forces se dépensent à désirer ce qu'ils n'ont pas.

423. Au contraire, est-on content de sa position, disposé à prendre tout du bon côté ? On respire à l'aise, on mange de bon appétit, on dort tranquille.

424. Croyez-le, mes enfants, tout se tient dans notre être. La **bonne santé** marche avec le **bon cœur** et la **bonne conscience**.

RÉSUMÉ (à réciter).

1. Je vivrai en paix avec mon prochain ; je serai bienveillante.

2. Je n'envierai pas le sort des autres.

3. Je serai contente de mon état, joyeuse et confiante dans l'avenir.

4. En faisant cela, j'obéirai à l'hygiène, car la bonne santé marche avec le bon cœur et la bonne conscience.

DEVOIRS DE RÉDACTION. — 1. Dire ce qu'on entend par l'hygiène, en énoncer les principales règles.

2. Vous faites construire une maison. Quelles conditions devra-t-elle remplir pour être saine ?

3. L'aération des appartements.

4. Expliquez cette phrase : on est nourri non par ce qu'on mange, mais par ce qu'on digère.

5. De quelle façon composerez-vous un repas pour qu'il forme une alimentation complète ? Le composerez-vous d'aliments qui se ressemblent ou qui diffèrent ?

6. Pour quelles raisons d'hygiène faut-il être propre ?

7. Dire ce que vous savez sur l'exercice et sur le *sommeil*.

8. Prouvez, au moyen d'une petite histoire que vous inventerez, combien il est difficile de résister à un penchant auquel on a pris l'habitude de se livrer.

9. Une personne envieuse est-elle heureuse ? Pourquoi ne l'est-elle pas ?

HYGIÈNE (Suite).

2° — COMMENT ON SOIGNE LES MALADES ET LES BLESSÉS.

I. — Sans le Médecin. — Petits maux et petits accidents.

425. Bien des petits maux peuvent être soignés sans le secours du médecin.

426. Les *maux de gorge* ordinaires se reconnaissent à la rougeur du fond de la bouche, qu'on peut apercevoir en abaissant la langue avec une cuiller.

On leur oppose un remède très simple : des feuilles de ronce bouillies dans de l'eau sucrée au miel.

Cette eau s'emploie en **gargarismes*** qu'il faut répéter aussi souvent que possible.

427. Le *rhume* a la réputation de « guérir d'autant plus vite qu'il n'est pas soigné. »

Si l'on entend par là qu'il n'y a pas lieu de cesser son travail pour un simple rhume, on a raison. On a tort, si l'on croit que cette indisposition soit tout à fait insignifiante.

428. Un rhume **négligé** peut être le point de départ d'une maladie mortelle.

Soignons donc les rhumes. Du *lichen* * coupé avec du lait, des tisanes de *jujubes** et de *dattes** ou de *bourgeons de sapins* rendront la toux moins pénible et hâteront la guérison, à laquelle pourra aussi aider une bonne couche d'ouate sur la poitrine.

429. Ce qu'on appelle à la campagne *transpiration arrêtée, chaud et froid* guérit en quelques heures par une **bonne suée.**

Couchez le malade, couvrez-le beaucoup, faites-lui boire, à courts intervalles, quelques tasses de *vin chaud* et d'infusion* de *tilleul* ou de *sureau*. Dès que la transpiration sera bien rétablie, il pourra changer de linge et se lever.

430. Inutile de vous parler de l'*indigestion* : il n'y a qu'à la laisser passer. Se garder surtout de donner des liqueurs fortes qui pourraient empêcher l'estomac de se débarrasser par le vomissement des aliments non digérés.

431. La *crampe d'estomac* sera un peu soulagée par l'application de linges chauds.

432. Le *dérangement d'entrailles* demandera des repas légers, peu de boissons, une bonne ceinture de flanelle sur le ventre, et, s'il se prolonge, une prise de *bismuth*.

433. S'il s'accompagne de violentes douleurs d'entrailles ou coliques, on les calmera en appliquant sur le ventre un cataplasme de *farine de lin* arrosé de quelques gouttes de *laudanum**.

434. Les *mouvements de bile* seront combattus par des infusions de camomille* ou quelques prises de rhubarbe*.

435. Le *mal blanc* est connu de tout le monde. Au début, on peut quelquefois le faire avorter* par un bain d'eau salée très chaude.

Si ce moyen échoue, il ne reste qu'à ramollir le doigt malade par des bains *d'eau de mauve* et des cataplasmes de *farine de lin* souvent renouvelés ; presque toujours l'abcès **percera** de lui-même.

436. Les petites blessures à la peau, les coupures, les écorchures n'exigent pas grand soin. Cependant, si elles ont une certaine étendue, il est prudent de les recouvrir de compresses très propres de vieux linge qu'on fixe par une bande déchirée en deux à son extrémité.

Un peu de *glycérine phéniquée* * empêchera le linge de **s'attacher** et fera cicatriser plus vite la petite plaie.

437. La *contusion*, si fréquente à la suite de coups ou de chutes, n'entame pas la peau ; la blessure est sous cette dernière.

Ici, chacun propose son remède : l'un du pain mâché, l'autre du persil haché menu, un troisième un emplâtre d'oignon, ou de poireau, voire même un gros sou !

Aucun de ces remèdes de bonne femme n'est malfaisant ; mais il y a mieux et plus simple que cela : des compresses d'eau fraîche ou d'eau salée tout bonnement.

438. Dans les cas graves, on emploiera l'alcool camphré* ou l'arnica*.

439. Pour la *brûlure*, un seul remède : un **corps gras** quelconque, huile, beurre ou graisse.

440. Si la brûlure a été faite par un liquide à travers les vêtements, enlevez ceux-ci avec précaution et sans perdre une minute ; mettez l'huile ou la graisse sur la brûlure et enveloppez d'ouate.

441. Ce pansement vaudrait encore mieux s'il était fait avec du *liniment* oléo-calcaire*, que le pharmacien délivre sans ordonnance; il serait prudent d'en avoir toujours chez soi un petit flacon.

RÉSUMÉ (à réciter).

1. Nous devons nous habituer à soigner bien des petits maux sans le secours du médecin
2. Le mal de gorge se traite par des gargarismes.
3. Le rhume, la toux, par des tisanes de lichen, jujubes.
4. Le point de côté, par des sinapismes.
5. La contusion, par l'emploi de compresses d'eau fraîche ou d'eau salée, d'alcool camphré ou d'arnica.
6. La brûlure, par l'application immédiate d'un corps gras.

II. — En attendant le médecin.

442. Il y a des maladies que l'on « couve » longtemps; d'autres, au contraire, arrivent comme un *coup de foudre*. Telle est, par exemple, l'**apoplexie**, communément appelée *attaque, coup de sang*.

443. Les premiers secours sont faciles : placer le malade la tête *haute, desserrer* ses vêtements, mettre des *sinapismes** aux jambes, *ne rien faire respirer*.

444. Une personne qui « se trouve mal, » peut n'avoir qu'un évanouissement, une **syncope**, ou perte de connaissance.

445. En ce cas, gardez-vous de lui placer la tête plus haut que le reste du corps; étendez-la à plat sur un lit ou par terre, donnez-lui de l'air, desserrez ses vêtements, jetez sur la figure, et autour des yeux surtout, de l'eau très froide; faites respirer du vinaigre et faites des frictions énergiques sur tout le corps.

446. Mais comment distinguer la syncope de l'attaque? direz-vous. Vous soupçonnerez plutôt une *attaque* s'il s'agit d'un individu fort, en pleine santé ; vous serez en présence d'une *syncope*, si vous avez affaire à une personne faible, délicate ou convalescente*, ou qui vient de faire une chute ou d'avoir une émotion violente.

447. En cas *d'asphyxie,* on expose le malade au grand air ; on le débarrasse de tout ce qui pourrait gêner la respiration ; on asperge la figure avec de l'eau vinaigrée ; on met des sinapismes* aux extrémités.

S'il s'agit d'un noyé, évitez de le coucher sur le dos afin de ne pas empêcher l'écoulement de l'eau qui a pu pénétrer dans les voies respiratoires. Faites-lui respirer des odeurs fortes, réchauffez-le graduellement par l'application de linges chauds ; frictionnez-le.

S'il est complètement évanoui, le mieux serait de pratiquer tout de suite ce qu'on appelle la respiration artificielle.

Donnez tous ces soins avec *persévérance.*

448. Voici un accident très effrayant : un **empoisonnement.**

Vous ignorez quel est le poison qui a été absorbé ou, si vous le savez, vous n'en connaissez pas le contrepoison. Cependant, la victime de l'accident se tord dans d'atroces douleurs. Vous croiserez-vous les bras jusqu'à l'arrivée du médecin ?

449. Non certes. A tout hasard et immédiatement il faut forcer l'estomac à *rendre le poison,* il faut faire *vomir.*

Le mieux sera de faire avaler cinq centigrammes *d'émétique** dans un verre d'eau et, à la suite, *une grande quantité d'eau tiède* dans laquelle vous aurez battu quelques *blancs d'œufs;* au besoin, vous chatouillerez la gorge avec les barbes d'une plume, vous doublerez ou triplerez la dose du vomitif.

450. Passons à un accident moins terrible que l'empoisonnement : l'**entorse**, et sa proche parente, la **luxation**. Vous vous êtes foulé, démis la cheville, ou le poignet ou l'épaule.

Si vous êtes sage, vous ne vous remettrez point entre les mains d'un guérisseur, charlatan, rebouteur *, etc.

Faites appeler le médecin (c'est plus sûr) et, en l'attendant, tenez le membre malade immobile et couvrez-le de *compresses* d'eau froide, d'alcool camphré *, d'eau blanche, ou d'arnica *.

Ces applications arrêteront les progrès du gonflement et l'on pourra plus facilement remettre les os en place s'il y a luxation *.

451. Les os n'ont pas toujours la bonne chance de sortir seulement de leur place comme dans la luxation. Souvent, une chute les brise, les **fracture** pour parler comme le chirurgien.

452. Un malheureux tombe d'un échafaudage et se casse la jambe, ou bien une voiture passe sur un de ses membres et l'écrase.

On le relève, on le rapporte chez lui s'il se peut : c'est l'affaire des hommes.

453. Maintenant, il faut découvrir le membre blessé : c'est l'affaire des femmes.

Comment s'y prendre ?

454. Chercher à enlever les vêtements comme d'habitude, c'est risquer de secouer, de tirailler le pauvre membre malade et d'imposer au patient de *cruelles souffrances* bien plus, l'effort qu'il faudra faire va peut-être déplacer les morceaux d'os brisés, les faire pénétrer dans les chairs, qu'ils meurtriront, et *rendre la guérison plus difficile*.

455. Agissons donc avec d'extrêmes ménagements. Un coup de ciseau dans ces grosses chaussures nous permettra de les enlever sans étirer la jambe cassée.

S'agit-il d'un bras, nous fendrons ou découdrons jusqu'au haut la manche que nous ôterons alors sans forcer le malade à changer de position.

Le bras déshabillé, nous y découvrons une plaie : il faudra la *laver* (fig. 54). Avec une éponge ou un tampon de linge, nous enlevons la terre, le sable qui peuvent recouvrir la blessure et le sang qui empêche d'en voir l'étendue et la profondeur. Tout cela délicatement : *il ne faut pas faire saigner la plaie.*

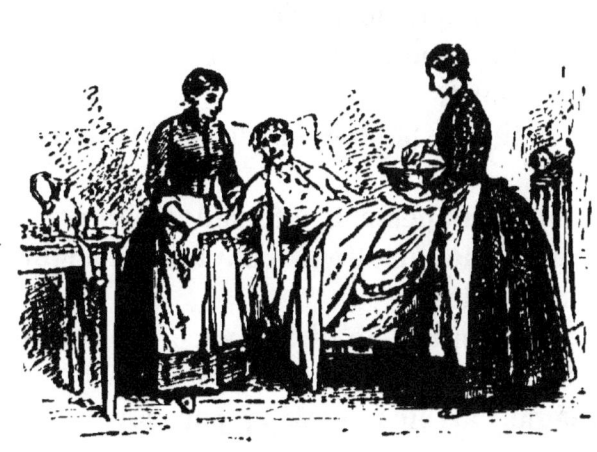

Fig. 54 — Le lavage d'une blessure demande une main sûre et légère. Il ne faut pas faire saigner la plaie.

456. Mais souvent toutes les précautions n'empêchent pas l'**hémorrhagie*** ; de grosses *veines* ont été coupées, le sang *coule en « nappe »* malgré nos efforts pour l'arrêter.

457. Ou bien, chose plus grave, une *artère** est ouverte et le sang s'en échappe *par « jets » saccadés.* C'est ici qu'il importe de ne pas perdre la tête.

458. Arrêtons le sang *à tout prix* : par un tampon de linge introduit dans la plaie, par une bande fortement serrée autour du bras entre la blessure et le cœur et, si ces moyens échouent, en *comprimant** l'artère principale aux endroits où on peut l'atteindre.

459. Ce n'est pas toujours d'une blessure que sort un flot de sang. On peut aussi avoir à arrêter des **crachements** ou des **vomissements de sang.**

Ici, le premier soin sera de *rassurer* le malade.

460. Vous le ferez asseoir sur un lit, soutenu par des coussins et les jambes pendantes ; vous lui ferez avaler de *l'eau froide* par petites gorgées ou mieux encore de la *glace*... et vous ferez appeler le médecin au plus vite.

RÉSUMÉ (à réciter).

1. Dans les cas graves, qui demandent le secours du médecin, donnez, en l'attendant, les premiers soins avec prudence et présence d'esprit.

2. S'il s'agit d'une asphyxie hâtez-vous de rétablir la respiration.

3. S'il s'agit d'un empoisonnement, vite, faites *vomir*.

4. D'une entorse ou d'une luxation, couvrez le membre malade de compresses froides.

5. D'une fracture, déshabillez le blessé avec précaution et lavez délicatement la plaie.

6. D'une hémorrhagie, arrêtez le sang par un moyen quelconque.

III. — Pendant la visite du médecin.

461. Voici enfin le médecin !

Vous allez lui *rendre compte* de ce qui s'est passé avant son arrivée.

462. Faites-le *clairement* et *en peu de mots*.

463. Il examinera devant vous le malade. Soyez *attentive* pendant cet examen ; vous apprendrez quelles sont les choses les plus *importantes à observer*.

464. Maintenant le médecin écrit son *ordonnance*. Cette ordonnance indique quels remèdes il faut donner : cela regarde le pharmacien ; mais elle indique aussi **comment** il faut les donner et cela, c'est votre affaire. Si vous alliez ne pas comprendre les prescriptions du médecin et les exécuter de travers !

— Monsieur, permettez-vous que je lise l'ordonnance avant votre départ pour voir si je la comprends bien?

— Mais certainement, ma chère enfant!

Et vous demandez au docteur des explications sur les points qui vous embarrassent.

465. « Voilà qui est bien, dit le docteur. Au moins, vous n'êtes pas de ces gens qui se figurent que le médecin doit les guérir, sans qu'ils s'en mêlent.

« Nous autres, nous prescrivons le traitement, mais c'est à vous de le faire réussir en le suivant avec soin et intelligence. La bonne garde-malade est *l'aide indispensable du médecin.* »

RÉSUMÉ (à réciter).

1. Pendant la visite du médecin, la garde-malade est plus attentive que jamais.

2. Elle raconte clairement au médecin ce qui s'est passé avant son arrivée.

3. Elle observe comment il examine le malade.

4. Elle lit l'ordonnance et demande des instructions sur la manière de l'exécuter.

IV. — **Après la visite.**

466. Les petites fioles viennent d'être apportées de chez le pharmacien. Avant toutes choses, mettez-en *lieu sûr,* hors de la portée des enfants et des gens ignorants les médicaments portant l'**étiquette rouge.**

Cette étiquette indique qu'on risquerait de s'empoisonner en buvant le contenu de la fiole.

Tous les médicaments revêtus d'une étiquette

rouge sont « pour l'usage externe* », c'est-à-dire destinés à être employés à l'extérieur et non avalés.

467. Puis il faudra *faire prendre les médicaments aux malades*. Ce n'est pas toujours facile ; les drogues ont une mauvaise réputation, et il faut convenir que certaines la méritent bien.

« Quelle médecine ! » s'écrie-t-on, lorsqu'on vient à goûter quelque chose de très mauvais. »

FIG. 55. — Mauvaise ou non, la médecine doit être avalée si l'on veut guérir.

468. Mauvaise ou non, la médecine doit être avalée, si l'on veut guérir (fig. 55). *Persuadez* cela à vos malades. Tous ne sont pas raisonnables.

Mais avec de la *fermeté* et de la *douceur*, vous réussirez toujours à leur faire accepter les médicaments indispensables.

469. Donnez les remèdes avec **ponctualité***, aux heures et avec les intervalles prescrits.

470. Donnez **exactement** la quantité indiquée, ni plus, ni moins.

471. Que faut-il encore, outre les remèdes, à une personne qui souffre? De la *tranquillité*, *du silence*, autant que possible une chambre qu'elle ne partagera pas avec les autres membres de la famille.

Pas de bruit, pas de conversations autour du malade.

472. *Renouvelez souvent l'air de la chambre; maintenez-y une température égale.*

473. N'oubliez pas les soins de propreté ; **lavez** votre malade ; dans la fièvre typhoïde, ayez un soin particulier de la propreté de la bouche.

474. Est-ce tout ? Non.

A l'hôpital, votre malade, père, mère, frère, mari, enfant recevrait tous ces soins aussi bien et mieux que vous ne les lui donnerez vous-mêmes.

Ce qu'il n'aurait pas, c'est votre présence de chaque instant, vos caresses quand il souffre, vos paroles encourageantes et gaies quand il s'attriste. Ah ! ces remèdes-là ! ils valent bien les autres, allez. Comme ils manquent à celui qui *souffre loin de la maison !*

N'en faites pas petite dose. *Que votre patience et votre tendresse soient inépuisables.*

RÉSUMÉ (à réciter).

1. La garde-malade soigneuse donne ponctuellement les médicaments prescrits.
2. Elle administre exactement la dose indiquée, ni plus, ni moins.
3. Elle maintient dans la chambre du malade la tranquillité, le silence, un air fréquemment renouvelé et une température égale.
4. Elle donne au malade des soins de propreté.
5. Elle l'encourage, le console et le distrait par de bonnes paroles et par une humeur sereine et gaie.

V. — La convalescence.

475. La convalescence* ! Le joli mot et la bonne chose ! Ne plus souffrir et se retrouver vivant au milieu des siens, après les longues journées de douleur et d'angoisse, c'est très doux (fig. 56).

476. Mais le cher malade est encore bien faible. *Une rechute est possible :* des **soins** infinis, une

HYGIÈNE ET SOINS AUX MALADES.

vigilance* de chaque minute pourront seuls l'en préserver.

477. Il n'est pas toujours bien *prudent*, lui. Par exemple, il voudrait manger comme tout le monde, plus que tout le monde même; il a très grand faim; et puis ne faut-il pas refaire ses forces?

Fig. 56. — La première sortie.

478. A vos refus, quelquefois il discute, il s'impatiente. Vos bouillons légers, vos minces côtelettes, votre œuf à la coque, il n'en veut plus.

Vous souriez, mais vous tenez bon.

— Tu sais bien que le médecin ne permet pas encore autre chose,

— Eh! qu'il aille se promener, ton médecin.

— Comment? lui si bon, si attentif pendant ta maladie...?

— Allons, c'est vrai; tu as raison. »

479. Et votre convalescent vous embrasse en promettant d'obéir « pour vous faire plaisir ».

RÉSUMÉ (à réciter).

1. La convalescence exige de grands soins; il faut éviter les rechutes à force de prudence.

2. On doit se défier surtout de l'appétit du convalescent qui pourrait se préparer, en mangeant trop, une seconde maladie.

DEVOIRS DE RÉDACTION. — 1. Comment soignerez-vous un *refroidissement ?*

2. Une femme s'est jeté sur les pieds une marmite d'eau bouillante. Comment la panserez-vous ?

3. Faites une liste des petits maux et des petits accidents mentionnés dans le chapitre « sans le médecin ». Placez en regard de chacun le nom du remède qui lui convient.

4. Comment soignerez-vous, en attendant le médecin, une personne qui souffre, sans qu'on sache encore de quelle maladie ?

5. Indiquer les secours à donner :
En cas d'empoisonnement.
En cas d'hémorrhagie.

6. Rôle de la garde-malade pendant la visite du médecin.

7. Où placerez-vous les médicaments envoyés par le pharmacien ?

8. Quels sont les soins à donner à un noyé ?

9. Décrivez la gravure de la page 142.

RÉCIT V. — Le médecin du bourg d'Ajol.

I. UNE MISSION EN TEMPS DE CHOLÉRA.

Le D⁺ Gérard, jeune médecin qui venait de terminer ses études, reçut un matin d'un de ses professeurs le billet suivant :

« Mon cher Gérard,

« Le choléra sévit avec violence depuis quarante-huit heures au bourg d'Ajol. Cette malheureuse localité est dépourvue de médecin. Le comité de secours que je préside vient de décider qu'il était urgent de lui en envoyer un. Je vous ai désigné. Le poste est dangereux, mais je connais votre dévouement.

« D⁺ FABRE-DESGOUSSES. »

Une heure après, M. Gérard montait en diligence. A six heures du soir, il arrivait au bourg d'Ajol.

Pendant deux ou trois semaines, le soin des malades ne laissa guère de loisir au jeune médecin. Au bout de ce temps, le mal commença enfin à diminuer. M. Gérard en profita pour donner de ses nouvelles au D⁺ Fabre-Desgousses par la lettre que voici :

« Cher maître,

« Quand il vous plaira de voir le plus joli petit nid à épidémie* que l'on puisse rêver, je vous engage à venir visiter le bourg d'Ajol.

« Figurez-vous un assez gros tas de maisons qui pourraient s'étaler dans une vallée passablement large et qui se serrent comme à plaisir les unes contre les autres. Quand vous voulez pénétrer dans une de ces maisons, il vous faut invariablement traverser une mare de fumier, et de ce liquide produit dans les étables, qu'on appelle purin ; ce ne serait rien encore, mais à la surface de ce bourbier* nagent toutes les épluchures de ménage et toutes les ordures imaginables ; le tout se décompose pêle-mêle en exhalant des odeurs repoussantes. Cette mer fétide* une fois franchie, vous entrez dans des chambres basses, à ras du sol, à peine éclairées par de petites fenêtres qui, dans la pensée des habitants, ne sont point destinées à être ouvertes. Souvent, une même pièce réunit toute une famille ; j'ai trouvé jusqu'à une demi-douzaine de malades dans une seule chambre. Vous pouvez vous faire une idée de l'air qu'on respire dans de pareils taudis*. La malpropreté des personnes égale celle des habitations.

« J'ai beaucoup étonné une mère de famille en lui conseillant de laver tous les jours ses enfants de la tête aux pieds ; elle croyait fermement qu'en temps d'épidémie* il fallait user de l'eau le moins possible « pour ne pas contrarier le mal » m'a-t-elle dit.

« D'après la peinture que je vous fais du bourg d'Ajol, vous allez peut-être penser, mon cher maître, que je m'empresserai de le quitter aussitôt ma mission auprès des cholériques terminée. Eh bien, non. Ce pays, qui est très beau, du reste, me plait malgré les défauts des habitants. Ces défauts proviennent tous de l'ignorance. Je me dis qu'on pourrait peut-être faire ici quelque bien, tenter d'habituer ces braves gens à vivre d'une façon un peu moins contraire aux règles de l'hygiène. Pour tout vous dire enfin, j'ai sérieusement envie de devenir le médecin du bourg d'Ajol, de m'y faire une vie remplie et tranquille, tout à la fois, une situation peu brillante, mais sûre, et qui me permettra de me rendre utile. Si arriérés qu'ils soient, j'aime déjà mes Ajolais et je crois qu'ils me le rendent un peu.

« Je n'attends que votre approbation, mon cher maître, pour prendre une résolution définitive.

« Dr GÉRARD. »

II. La maison du docteur.

Le Dr Fabre-Desgousses ne détourna pas de son projet M. Gérard.

Celui-ci s'établit donc au bourg d'Ajol.

Le difficile était de s'y loger. Le jeune docteur n'avait rien exagéré dans sa lettre à son professeur : il n'y avait dans le village que des masures * mal aérées et précédées de cours infectes *.

Le docteur se décida à construire, et il acheta un terrain à cinq cents mètres du village.

On se récria beaucoup sur ce choix. Pourquoi ne pas s'installer dans le village même ? Il faisait bon avoir des voisins ; les maisons isolées attiraient les malfaiteurs, etc., etc.

« Mes chers amis, dit le docteur, je vous aime beaucoup, mais j'aime moins vos fosses à fumier ; quand vous aurez fantaisie de reprendre le choléra, je ne serai pas fâché d'avoir mis un demi-kilomètre entre vos maisons et la mienne. Si vous habitiez chacun le coin de terre que vous avez dans la vallée, au lieu de vous serrer les uns contre les autres, j'aurais eu moins de peine à empêcher la maladie de vous visiter tous, plus ou moins, il y a un mois. »

Les Ajolais eurent bien d'autres sujets d'étonnement. Le Dr Gérard fit creuser une cave sur la totalité de l'emplacement de sa future habitation. Quelques marches, qu'il fallait gravir pour arriver au rez-de-chaussée, achevèrent de mettre la maison à l'abri de l'humidité.

Mais tout cela faisait en vérité bien de la dépense, disaient les habitants du bourg.

Le nombre et la grandeur des fenêtres mit le comble à leur ébahissement *.

« Eh bien, par ma foi, M. le docteur, dit un vieux qui regardait poser l'encadrement de la dernière, vous allez avoir une fameuse somme à payer pour les impositions !

— Bah! répondit le docteur, si je parviens à me construire *une habitation saine*, ce sera de l'argent bien employé. Mieux vaut en donner à l'État qu'au pharmacien ou à mon collègue le médecin d'Estresseville.

Le soleil qui entrera par ces larges fenêtres va chasser de chez moi les rhumatismes * et autres maladies qui sont installées chez vous depuis longtemps, père Maucroix. »

En effet, quelques semaines auparavant, le Dr Gérard avait soigné le père Maucroix et un de ses enfants, le premier pour des douleurs, l'autre pour une tumeur * au genou, contractées par suite de l'humidité de leur maison.

Le père Maucroix s'en alla en branlant la tête et en vacillant * sur ses jambes malades, mais sans être converti.

Cependant, à quelque temps de là, le docteur eut des imitateurs. Un jeune paysan, Jacques Nérou, qui allait se mettre en ménage et avait quelque bien, voulut faire bâtir une maisonnette et vint demander conseil à M. Gérard. Celui-ci lui fit un plan de maison très modeste, mais commode (fig. 57) : au rez-de-chaussée, deux pièces, une grande cuisine et une petite salle ; au premier, trois chambres au-dessus desquelles, pour ne pas coucher tout à fait sous le toit, on élèverait un galetas *.

Fig. 57. — La maison ensoleillée de Jacques Nérou.

Le docteur, qui dessinait bien, fit aussi à Jacques Nérou un croquis de la façade principale, avec la porte bien au milieu et deux fenêtres à des distances parfaitement égales pour le rez-de-chaussée, trois fenêtres un peu moins larges pour le premier, des lucarnes pour le galetas et une toiture à rebord assez grands, pour préserver la façade de la pluie.

Nérou trouva le plan * et l'élévation * très jolis ; seulement il craignait un peu la dépense. M. Gérard lui fit un devis * et il se trouva que si Jacques Nérou utilisait comme matériaux de grosses pierres, qu'il venait d'extraire d'un terrain à défricher, et des planches toutes sciées qu'il tenait en réserve, il aurait pour un prix encore très raisonnable une fort jolie petite maison. Quand on la vit s'élever entre une petite cour très proprette et un jardinet que Jacques planta soigneusement d'arbres fruitiers, on se dit que le jeune docteur s'entendait aussi bien à la bâtisse qu'à la guérison des malades, et les trois maçons du pays prirent grande idée de son intelligence.

La maison finie, le docteur lui-même ne fut pas mécontent de son œuvre. Il prenait plaisir à la regarder, dorée par les rayons du soleil levant, en passant à cheval le matin pour aller faire ses courses. S'il apercevait sur le seuil Rosalie, la maîtresse de maison, il serrait un moment la bride à Soliman pour crier gaiement à la jeune femme :

Fig. 58. — Ouvrez bien les fenêtres, surtout!

— Bonjour, madame Nérou (fig. 58)! N'est-on pas bien, dites, dans ce petit palais ensoleillé ? Mais ouvrez-en bien les fenêtres, surtout! De l'air, de l'air, madame Nérou! L'air pur et le soleil, c'est la vie.

III. M. RENÉ, PROFESSEUR D'HYGIÈNE.

Cependant, le Dr Gérard soupirait quelquefois et devenait songeur en repassant le soir devant la maison de Jacques Nérou, à l'heure où la lampe s'allume et où se prépare la table pour le repas du soir. C'est que cette demeure, quoique bien modeste, lui paraissait encore plus agréable que la sienne; elle était animée par la présence d'une gentille femme, tandis que le jeune médecin était seul à l'Aubade.
— L'*Aubade* était le nom qu'il avait donné à son habitation, dont la façade principale, tournée vers l'est, était éclairée dès « l'aube. »

Le Dr Gérard résolut de se marier. Un beau jour, on le vit ramener au bourg d'Ajol une jeune dame qui fit la conquête de tous par sa bonne grâce : c'était Mme Gérard. Quelques jours suffirent à la nouvelle venue pour connaître tous les habitants du pays, leur histoire, leurs petites misères, qu'elle soulageait sans bruit. Plus d'une fois, les médicaments ordonnés par son mari étaient préparés et administrés par elle.

— Ce n'est pas tout que de consulter le médecin, disait-elle, il faut encore bien exécuter ses ordonnances. Voyons, chère madame Vignaud, qu'est-ce que vous faites bouillir là, dans cette casserole toute découverte? De la tisane? Faites-la-moi plutôt dans ce bon pot de terre, que vous tiendrez bien fermé par son couvercle et qui conservera toute sa vertu à votre tisane.

— C'est un cataplasme* que vous préparez pour la jambe malade de votre fils? demandait-elle à une autre. Mais je crains que ces grumeaux* de farine mal délayée soient douloureux sur la partie blessée. Laissez-moi faire : en remuant un peu plus longtemps avec cette cuiller de bois, nous aurons une pâte bien liée et qui sera plus propre à adoucir la plaie. »

Ces petits conseils fort simples étaient reçus avec reconnaissance, et Mme Gérard fut bientôt aimée à l'égal de son mari. Mais les enfants surtout l'adoraient; il est vrai qu'avec eux, c'était elle qui avait commencé.

Un an ne s'était pas écoulé que le docteur était père d'un fils, robuste et vigoureux comme ses parents.

La jeune femme voulut nourrir elle-même le bébé. D'accord avec son mari, elle lui donna dès le début l'excellente habitude de ne teter qu'à des heures régulières, ce qui ne contribua pas peu à procurer au jeune René de bonnes digestions et un caractère facile.

Cette *invention* frappa d'étonnement les femmes du village.

— Il n'est pas comme les autres, votre petit, madame Gérard, disaient-elles à la jeune dame. Si nous refusions aux nôtres de teter à chaque instant, il ferait beau entendre leurs cris! Le vôtre reste tranquille et content, tant que ce n'est pas son heure, et nos mioches*, même rassasiés, ne font que s'agiter et pleurnicher; on est bien obligé de les allaiter pour les faire taire.

— Ce qui n'empêche pas qu'ils ne se remettent à crier aussitôt, n'est-ce pas? Et savez-vous pourquoi? C'est qu'ils ont toujours la colique, vos poupons; leur estomac, sans cesse gorgé de nourriture, ne peut pas suffire à la besogne;

il se fâche et le bébé, qu'il tracasse, en fait autant. Je laisse au mien le temps de digérer : aussi il a un bon estomac et pas de caprices.

— Vous croyez que ça viendrait de là, madame Gérard? Ce serait drôle. Mais pourtant, on ne peut pas régler les repas d'un enfant de trois mois comme ceux d'une grande personne?

— Parfaitement; il faut les lui donner plus rapprochés, voilà tout, mais à intervalles réguliers. Comment voulez-vous que la régularité, nécessaire à un estomac de grande personne, ne soit pas encore plus indispensable à l'organe délicat et facile à déranger d'un petit enfant? »

Comme pour la maison, les premiers à suivre le bon exemple furent les Nérou. Rosalie, dont la petite Juliette avait trois mois de plus que René, plia la fillette à se nourrir à heures fixes, et elle traversa très bien la période dangereuse de la dentition*.

Mme Gérard n'avait pas voulu confier non plus à une étrangère le soin de la toilette de son fils; elle avait à cœur de le changer de linge elle-même, de brosser sa petite tête, de le laver, de le baigner. Ce dernier article du chapitre « propreté » se déroulait ordinairement au jardin. On était alors dans la belle saison; dès le matin, Mion, la domestique du docteur, apportait dans la partie la moins ombragée du jardin un baquet de bois qu'elle remplissait d'eau bien claire : c'était la baignoire de maître René. L'eau s'échauffait au soleil; le moment venu de mettre au bain le jeune monsieur, on y ajoutait encore un ou deux pots d'eau chaude; pas plus, car le docteur estimait qu'il faut aux enfants de l'eau attiédie plutôt que chaude.

Alors arrivait Mme Gérard, serrant dans un pan de sa robe le petit tout déshabillé. Il était rare qu'à ce moment quelques jeunes mères du village ne vinssent pas voir par-dessus la haie ce qui se passait dans le jardin.

— Arrivez, mesdames! criait en riant la jeune Mme Gérard (fig. 59); comme le roi Louis XIV, nous admettons des spectateurs à notre toilette.

Le petit bonhomme, saisi par la sensation de l'eau et prêt à pleurer, regardait les figures qui lui souriaient par-dessus la haie et oubliait de crier pour répondre à ces amitiés par de grands coups de poing dans l'eau, signes à la fois d'émotion et de joie chez les baigneurs de son âge.

HYGIÈNE ET SOINS AUX MALADES. 155

— Pourtant, disait quelquefois d'un air soucieux une vieille commère, plonger comme cela ce pauvre chéri dans le bain tous les jours ! Bien sûr, madame, vous finirez par l'enrhumer ou même pis encore !

— Que non ! répondait la jeune maman. Il s'enrhumera d'autant moins que le sang circulera mieux sous sa petite peau bien nettoyée. Voyez comme elle devient rose en sortant de là !

Fig. 59. — Le bain en plein air.

Et tout en parlant, Mme Gérard, qui avait étendu l'enfant sur ses genoux, le frictionnait * vivement avec un linge un peu rude ou de la flanelle. Puis elle lui remettait ses vêtements chauffés au soleil pendant le bain : sa petite chemisette de flanelle, le linge de toile en forme de triangle dont on relève une pointe pour former une petite culotte, la ceinture qui maintient les reins, et par-dessus le tout, une robe à blouse en indienne laissant les mouvements bien libres. Une fois cette toilette terminée, M. René avait son déjeuner, puis il s'endormait d'un bon somme.

Cependant le robuste appétit du bébé commençait à ne plus se contenter uniquement du lait de sa nourrice; il était encore trop tôt pour lui donner des soupes; Mme Gérard eut recours au biberon.

Plusieurs mères, qu'elle avait détournées de « faire manger » leurs nourrissons, l'adoptèrent comme elle. Mais chose étrange ! le biberon, qui n'occasionna aucun malaise au petit René, ne réussit pas du tout aux autres enfants. Plusieurs prirent la dysentérie *.

Le docteur fut consulté.

— C'est à n'y rien comprendre, M. Gérard, lui dit Simone Audran, la femme du tonnelier. Mme Gérard et moi prenons du lait de la même vache. Ce lait fait prospérer votre garçon et il empoisonne le mien. Que croire !

— C'est curieux, en effet, répondit le docteur. Peut-être n'avez-vous pas soin de faire bouillir le lait pour l'empêcher de tourner.

— Si bien, monsieur, et même c'est Mion qui me l'a fait bouillir ces jours-ci en même temps que celui de M. René, parce que je suis en champs, pour mes lapins, à l'heure où on l'apporte.

— Tiens! tiens! dit le docteur, voilà qui est bizarre. Montrez-moi votre biberon, Simone.

Simone alla chercher l'appareil.

— Pouah! fit M. Gérard, après l'avoir flairé, je comprends tout à présent. Voilà un biberon qui sent l'aigre à vous retourner le cœur, et je m'étonne seulement que votre Simon n'ait pas refusé d'y toucher. Portez cela à ma femme; elle vous montrera mieux que moi comment on nettoie pareil objet.

Mme Gérard démonta devant Simone toutes les pièces de l'appareil, les lava plusieurs fois à grande eau, et passa même une mèche de coton dans le tube pour le bien sécher intérieurement.

— A présent, dit-elle, si vous avez soin d'en faire autant après chaque repas de Simon, je vous promets que vous ne vous attirerez plus de reproches de mon mari.

— Mais comme c'est minutieux! Mme Gérard, remarqua Simone.

— Dame! un peu. Mais ce n'est pas difficile et je n'ai guère mis plus de 3 ou 4 minutes à ce nettoyage qui en prendrait moins encore si l'instrument était mieux entretenu. D'ailleurs, la santé de nos enfants vaut bien que nous prenions un peu de peine. Vous voyez que lorsqu'on les allaite au biberon, cette santé est au prix d'une extrême propreté.

La recette de Mme Gérard fit le tour, d'abord des maisons où il y avait des enfants malades, puis de tout le village. Chaque maman tenait à honneur de pouvoir affirmer que le biberon de son nourrisson était « aussi propre que celui de M. René ».

On prit aussi l'habitude, tant le bon exemple a de force, de laver les bébés chaque jour « comme M. René ».

Toute une génération de jeunes Ajolais dut encore à l'imitation de M. René l'inappréciable jouissance de pouvoir agiter librement les jambes dès l'âge le plus tendre : l'étroit maillot d'autrefois céda la place au drap-culotte et à la petite robe flottante.

Et voilà comment M. René, avec ses joues roses et ses bras potelés * qui annonçaient à tous sa bonne santé, fut, après son père, le meilleur professeur d'hygiène du bourg d'Ajol.

IV. La punition des entêtés.

Il y a quinze ans que le Dr Fabre-Desgousses a envoyé son élève en mission auprès des cholériques.

Le Dr Gérard est devenu maire du bourg d'Ajol.

D'accord avec son conseil municipal, il a travaillé activement à l'assainissement * et à la transformation du village.

Le vieux bourg, où l'on vivait entassé, s'est éparpillé dans la vallée : on y compte à présent une cinquantaine de maisonnettes dans le genre de celle de Jacques Nérou, entourées de jardins bien cultivés. Dans la partie centrale, s'élèvent une fontaine et un lavoir ; à l'extrémité du village se dresse la maison d'école. Son préau *, qui sert de salle de gymnastique, reçoit chaque jour, le matin les filles, le soir les garçons.

Car le docteur veut que tout le monde fasse de la gymnastique ; lui-même donne souvent l'exemple, malgré ses quarante ans bien sonnés ; quant à René, il est toujours le premier aux exercices ainsi que ses frères et sa sœur.

Les habitants, aussi propres que leurs maisons, ont un air de santé et de bonne humeur. Seuls, les Maucroix et quelques-uns de leurs voisins n'ont voulu entendre à rien : ils ont précieusement conservé leurs demeures mal aérées, leurs ruelles obscures et leurs tas de fumier. Le docteur dit en riant qu'il n'est pas fâché de pouvoir montrer cet échantillon de l'ancien village à ceux qui ne l'ont pas connu ; rien ne rend plus sensible le progrès accompli.

Mais il y a quelques semaines, il a cessé de prendre la chose gaiement. La fièvre typhoïde *, terrible maladie que fait naître le plus souvent l'encombrement et la saleté, règne sur certains points de la contrée. Elle s'est tout à coup déclarée avec une violence incroyable au vieux bourg. Un moment, le Dr Gérard a tremblé qu'elle ne se propageât dans le village, qu'aucune épidémie n'avait visité depuis le choléra. Heureusement, les Ajolais sont si bien habitués à suivre de tous points les prescriptions de leur maire et médecin, que chacun s'est empressé de prendre contre l'invasion du fléau toutes les mesures qu'il a indiquées. Il n'y a eu aucun cas dans la partie nouvelle du bourg.

Mais les Maucroix et leurs imitateurs ont été décimés*; pas de maisons où il n'y ait eu plusieurs morts. Voilà des gens cruellement punis de leur entêtement à ne se point soucier des règles de l'hygiène.

VI

COUTURE ET COUPE.

I. — La Couture.

480. Il est un petit outil que les écolières ne manient guère plus d'une fois par semaine, mais qui leur tiendra fidèle compagnie par la suite.

Que de soirées, que de journées elles passeront, cet outil entre les doigts !

Vous devinez son nom : c'est l'*aiguille*, l'aiguille qui peut faire tant d'utiles et jolies choses, si la main qui la pousse est habile.

481. L'aiguille a bien des façons différentes de se promener à travers les tissus où on la pique et d'y laisser le fil qu'elle entraîne après elle.

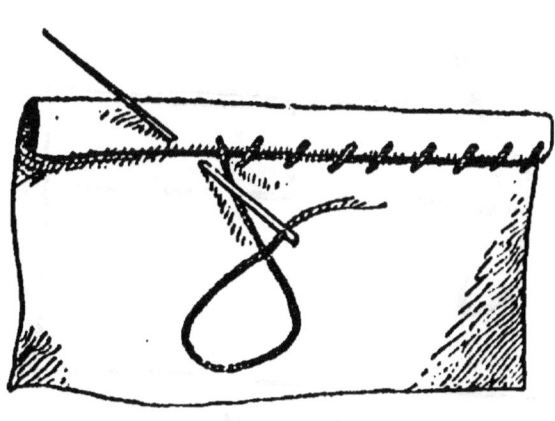

Fig. 60. — Ourlet.

Vous connaissez toutes l'*ourlet*, le *surjet*, le *point glissé*, l'*arrière-point*, le *point de boutonnière* même, terreur des petites couturières.

482. Chacune de ces sortes de couture a ses règles,

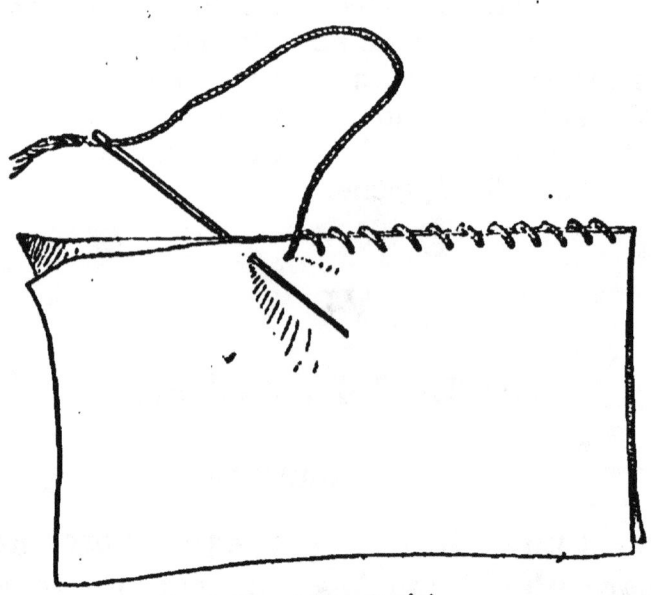

FIG. 61. — Surjet.

que vous apprendrez l'aiguille à la main mieux que dans un livre.

483. Soyez *très attentives* aux leçons de couture de votre maîtresse. Tenez à honneur de réussir dans cette étude comme dans toutes les autres.

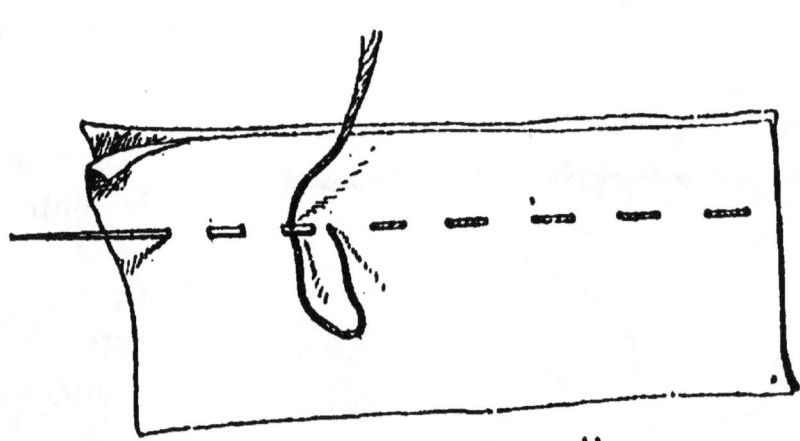

FIG. 62. — Point glissé ou coulé.

Ce point s'emploie pour coudre les lés de jupe, pour faire les ourlets dans les étoffes légères, pour rabattre les pièces sur la toile très usée, etc.

484. Appliquez-vous surtout à donner à votre couture de la **solidité** et de la **régularité**.

485. Une couture est **solide** quand *les deux doubles d'étoffe sont bien percés de part en part et quand le fil est arrêté à la fin par un bon nœud.*

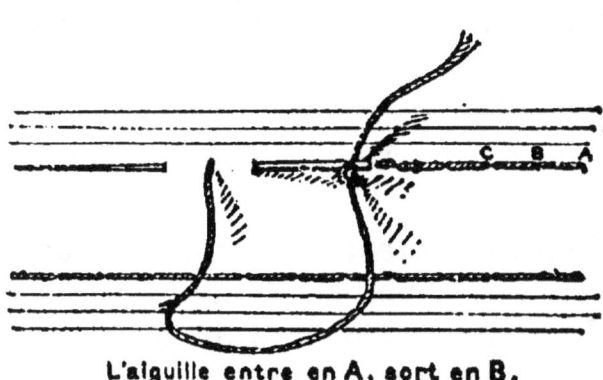

L'aiguille entre en A, sort en B, rentre en A, ressort en C, etc.

Fig. 63. — Point arrière.

486. Les mauvaises ouvrières se bornent à *couper* le fil au ras de l'étoffe quand elles ont fini. Allez voir, au bout de quelques jours d'usage, un vêtement dont

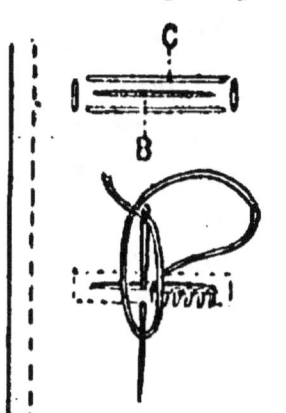

Boutonnière préparée. On a *fendu* en B d'un coup de ciseau, puis entouré la fente avec un fil C.

Piquons l'aiguille bien droit; passons le fil sous la pointe pour former le nœud.

Boutonnière terminée avec la petite bride A, A, des extrémités.

Fig. 64. — Point de boutonnière.

Pour être joli, ce point doit être très régulier: laisser des intervalles bien égaux entre les fils, ne pas « mordre » plus d'étoffe une fois que l'autre.

Les boutonnières ne sont solides que sur de l'étoffe à *double*.

les coutures ont été ainsi terminées! Il se *découd* de toutes parts.

487. La **régularité** du point est une *affaire d'attention*. Une fillette qui tient les yeux fixés sur son ouvrage, au lieu de lever souvent le nez en l'air pour regarder voler les mouches, apprendra bien vite à faire de jolis petits points bien égaux et peu visibles du bon côté.

488. Il faut **bien** coudre, mais il faut aussi coudre *vite*. Voulez-vous, pour y parvenir un petit secret très simple ?

489. Le voici : Piquez *lentement* votre aiguille dans l'étoffe, mais, aussitôt le point fait, *tirez promptement* l'aiguillée de fil et revenez faire un nouveau point sans perdre en l'air une seconde.

490. Ne coupez donc pas *trop longues* vos aiguillées de fil : longue aiguillée, long voyage de la main entre un point et un autre, et pas de couture rapide possible.

491. Faut-il vous dire de tenir vos aiguilles enfermées dans un étui ou piquées à une pelote pour les préserver de la rouille ? de ne pas les piquer à vos corsages ? de ne point les laisser rouler sur les meubles ou le plancher, où quelqu'un pourrait les rencontrer et se blesser ? Vous savez tout cela, n'est-ce pas ? et vous tenez **en ordre** vos objets de couture.

RÉSUMÉ (à réciter).

1. Avec l'aiguille, on fait toutes sortes de points. Les principaux sont : le point glissé, l'ourlet, le surjet, l'arrière-point, le point de boutonnière.

2. La bonne couturière coud avec solidité et régularité.

3. Elle arrête bien son fil ; elle coud vite ; elle ne coupe pas ses aiguillées trop longues ; elle tient en ordre tous ses objets de couture : dé, ciseaux, aiguilles, pelotons, etc.

II. — L'entretien des vêtements et du linge.

492. Savoir manier l'aiguille n'est pas tout; il est encore nécessaire de *l'employer à temps* pour le bon entretien des vêtements.

493. Une personne soigneuse ne passe guère de jours sans faire à ses habits quelque petite réparation.

Une fille négligente les laisse se détériorer, faute de soin et d'activité.

494. Certaine petite fille avait à son tablier une poche dont le coin était décousu; *elle a négligé de le recoudre :* la poche a emporté avec elle un morceau du tablier. Bon à mettre au rebut, ce tablier-là, *faute de trois points!*

495. Adèle porte une bonne robe de laine dont la bordure de jupe est usée. Il ne lui en coûterait que 30 centimes et 3/4 d'heure de travail, pour acheter et remettre une bordure neuve.

496. Adèle se promet chaque soir de le faire... « demain! »

497. Mais le lendemain, l'aiguille reste bien tranquille dans son étui, et Adèle continue de promener partout sa robe fripée. En attendant, l'étoffe de la jupe, mal préservée par la bordure, *s'use à son tour.* Quand l'aiguille interviendra, il sera trop tard.

498. Ayez donc grand soin de réparer **à mesure** vos vêtements; ils dureront bien davantage.

499. Raccommodez vos bas après chaque blanchissage.

« Comment? dites-vous, même s'il n'y a pas de trous? »

500. Il y en a toujours..... qui sont ouverts ou *qui vont s'ouvrir.* Quand le tissu du bas est « clair » au talon ou à la pointe, il suffit de le renforcer par un **remaillage**, travail facile et même amusant.

Remettez au contraire le bas sans l'examiner et faites-lui subir un nouveau lavage, il vous reviendra avec des trous énormes, qui exigeront une **reprise** fort longue à faire.

501. Ce qui est vrai de l'entretien des jupes, robes, tabliers, bas, etc., l'est bien plus encore de l'entretien du linge. Ici la négligence entraînerait vite à de grosses dépenses.

502. Le linge coûte cher. Quand on se met en ménage, on en achète le plus qu'on peut, et *on a raison*. Plus tard, la mère de famille pourrait ne pas avoir à sa disposition la grosse somme nécessaire pour renouveler sa provision de draps de lit, de serviettes, de torchons, de chemises, etc.

503. Il faut qu'elle fasse *durer longtemps*, par un bon entretien, le linge de la maison.

504. Après chaque blanchissage, elle examine une à une et minutieusement toutes les pièces de linge; elle répare immédiatement les moins usées.

505. Elle met à part, dans sa corbeille à ouvrage, pour un jour où elle aura plus de temps; celles auxquelles il faudra faire de longues **reprises** ou poser des **pièces**.

506. Aussi n'a-t-on pas de surprise désagréable quand on puise dans l'armoire d'une bonne ménagère. En étalant une nappe propre sur la table, on n'y découvre pas un gros trou au beau milieu. Si l'on veut faire un lit pour un visiteur qui vient d'arriver sans s'annoncer, on peut déployer sans crainte les draps qu'on lui destine : on n'y trouvera ni trous, ni accrocs, ni surjets décousus.

507. *Tout est en bon état* dans l'armoire d'une bonne ménagère.

Et quel ordre sur tous les rayons! Comme les piles de serviettes, de chemises, les petits tas de mouchoirs sont bien alignés!

Une bonne odeur de lessive réussie s'en échappe.

On aurait envie de dormir entre ces bons draps blancs qui ont séché au soleil et qu'un bouquet de lavande accroché intérieurement, à la porte de l'armoire, a imprégnés de son parfum.

RÉSUMÉ (à réciter).

1. Je réparerai mes vêtements aussitôt qu'ils en auront besoin.
2. Je ne laisserai pas s'agrandir les fentes et les trous. J'emploierai l'aiguille à temps.
3. *Un point du lundi en vaut dix du jeudi.*
4. Je remaillerai ou repriserai mes bas après chaque lavage.
5. Je donnerai un soin particulier à l'entretien du linge; je le repriserai et je le rapiécerai en temps utile.
6. Je tiendrai à honneur d'avoir une armoire à linge bien garnie et dans un ordre parfait.

III. — La coupe.

508. Voici quelques mètres d'indienne: en quelques coups de ciseaux il s'agit d'en faire sortir une mignonne robe de bébé.

509. Il faut d'abord prendre des *mesures* (fig. 65).

510. La longueur de la robe sera de 45 centimètres. Mais il faut songer à *l'ourlet* du bas et au *rentré* du haut. Ajoutons 5 centimètres pour l'ourlet et un centimètre pour le rentré. Total, 51 centimètres.

FIG. 65. — Attention, maître Jean, laissez maman vous mesurer, si vous voulez avoir une jolie robe neuve!

511. Pour que la robe ait assez d'**ampleur***; portons trois fois cette hauteur de 51 centimètres dans le sens de la *longueur de l'étoffe* (fig. 66); coupons; nous aurons ainsi trois lés A, B, C (fig. 67), que nous coudrons ensemble.

512. Jusqu'ici aucun patron n'est nécessaire; les

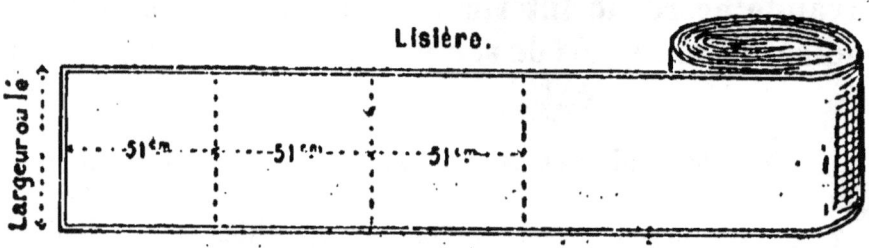

Fig. 66. — Longueur de l'étoffe.

jupes de grandes personnes, les corps de robe des enfants se coupent simplement *en déchirant l'étoffe en travers* à l'endroit que l'on a marqué d'une

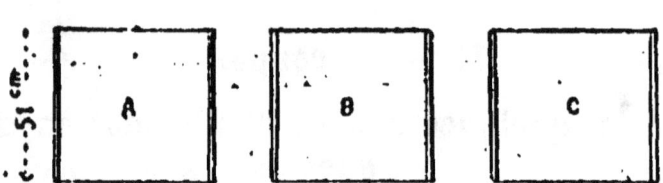

Fig. 67. — Les trois lés.

épingle, après avoir mesuré la longueur qu'aura chaque lé.

513. Il est bon de remarquer que certaines étoffes ne se « déchirent » pas (toile, batiste); que d'autres se tordent et festonnent le long de la déchirure. Il faut alors recourir aux ciseaux pour couper chaque lé, en ayant soin de suivre bien exactement le *droit fil*.

514. L'épaulette (fig. 68) est un peu plus difficile à tailler; un petit patron est utile, mais notre jeune mère va le dessiner elle-même, après avoir pris sur

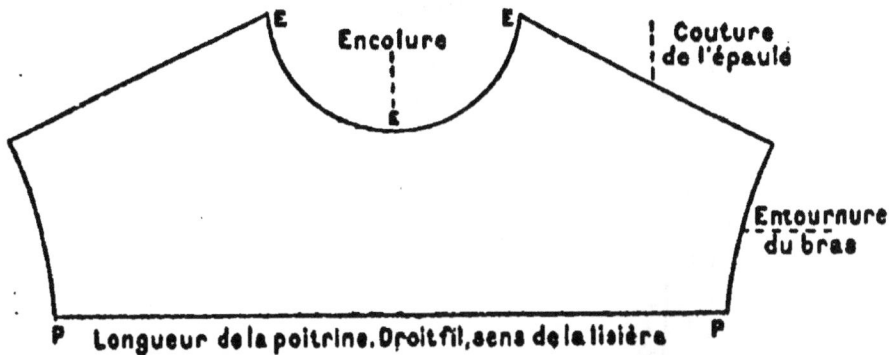

Fig. 68. — L'épaulette de la poitrine.

bébé, la largeur de la poitrine et celle du dos, d'un bras à l'autre.

515. Dans l'épaulette du dos (fig. 69), coupée en deux pièces, l'encolure E E sera **moins creusée** et l'on ménagera en E D assez d'étoffe pour pouvoir faire **chevaucher** l'une sur l'autre les deux pièces.

516. Notre patron coupé, appliquons-le sur l'étoffe

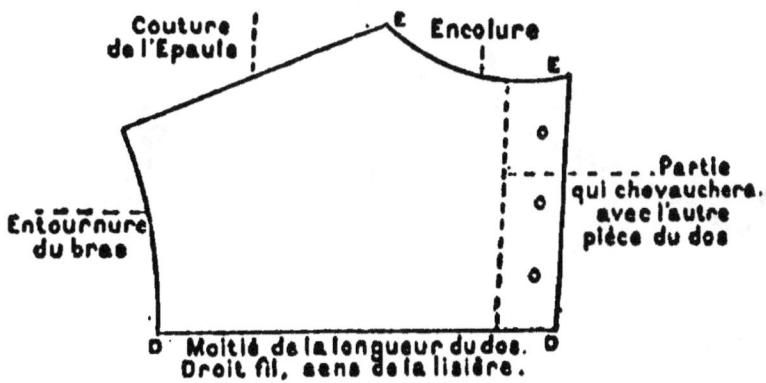

Fig. 69. — L'une des deux épaulettes du dos.

en mettant la ligne P P (fig. 68) D D (fig. 69) *dans le sens de la lisière. (Les pièces qui doivent être forte-*

ment tirées en travers sont toujours prises dans ce sens.)

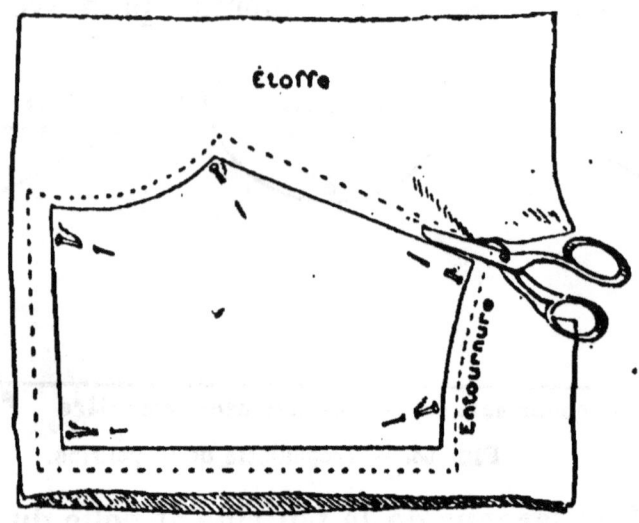

FIG. 70. — Patron en papier épinglé sur l'étoffe.

517. Laissons *un demi-centimètre* d'étoffe pour

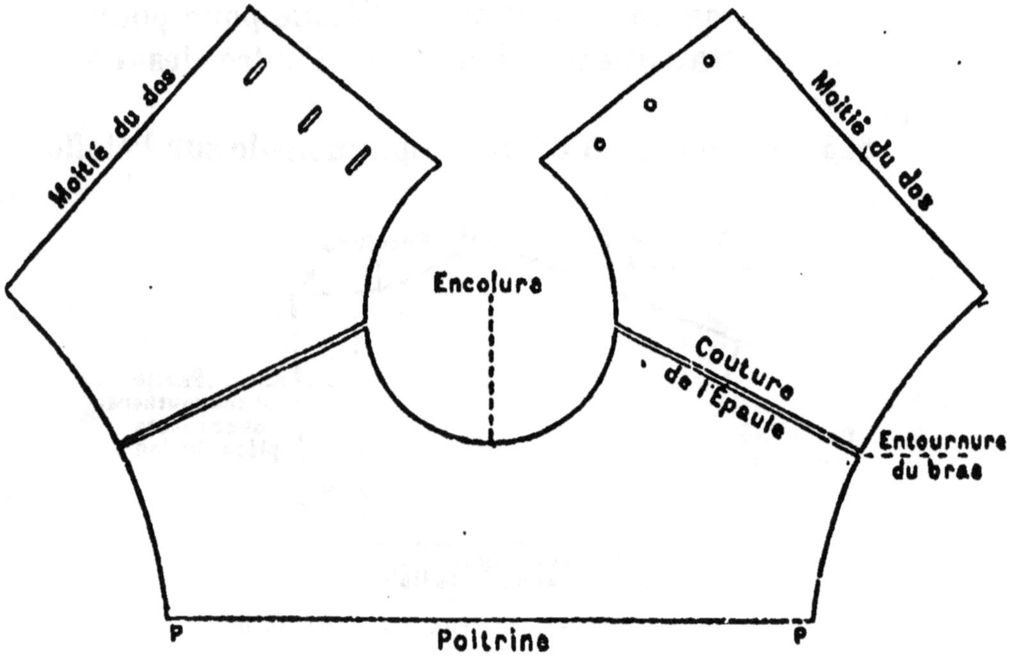

FIG. 71. — Épaulette complète.

l'entournure de bras (fig. 70), *un centimètre au moins* pour la couture de l'épaule et pour celle de la poitrine.

518 Cette manière de faire est encore une *règle générale*. Pour un corsage de robe, on laisserait aussi un demi-centimètre à l'encolure et aux entournures, un centimètre ou davantage pour toutes les autres coutures.

519. Pour que l'épaulette soit complète, il ne reste plus qu'à assembler les trois pièces en faisant les deux coutures des épaules (fig. 71).

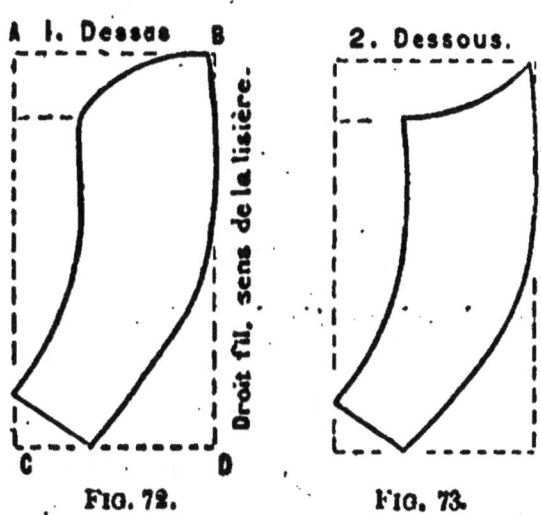

Fig. 72. — Fig. 73.

520. Au tour de la manche à présent. La coupeuse en tracera le patron dans un rectangle A B C D (fig. 72).

521. Remarquez la partie de la manche qui se trouvera dessous (fig. 73) : elle est *plus étroite* que le dessus et *creusée* vers le haut, au lieu d'être bombée. Trop d'étoffe sous le bras gênerait ; au contraire, il faut par-dessus recouvrir la rondeur de l'épaule.

522. Toutes les pièces de la petite robe sont taillées ; il reste à les réunir par la couture provisoire qu'on appelle **bâti** ou faufilage. Cette partie du travail exige le plus grand soin : *un ouvrage bien apprêté est plus qu'à moitié fait.*

523. Ensuite vient l'**essayage** : il réclame aussi beaucoup d'attention. La bonne couturière a toujours quelques modifications à faire alors.

524. Le patron d'épaulette ne servira pas pour les robes d'enfant seulement. Avec quelques change-

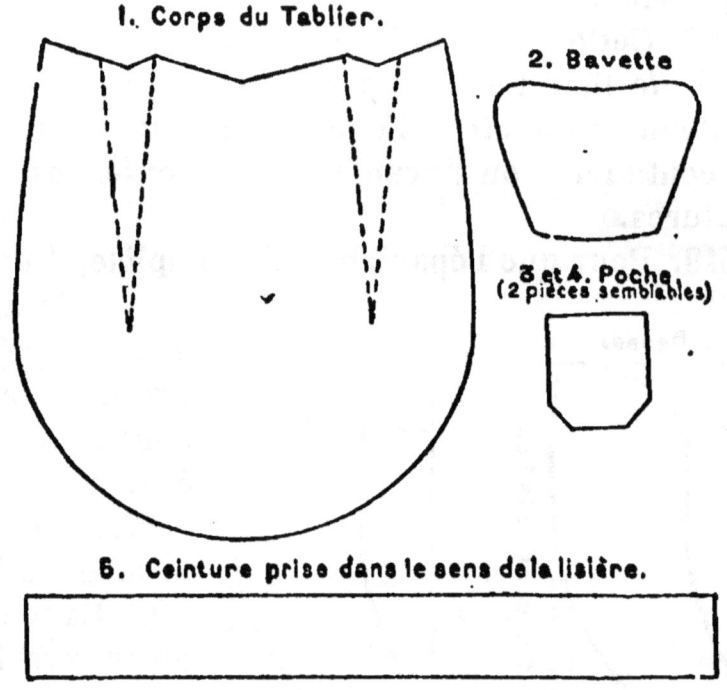

Fig. 74. — Patron du tablier à bavette.

ments, vous pourrez l'employer pour des chemises d'homme, des tabliers d'écolier, etc.

525. De même, le patron de manche à coude pourra

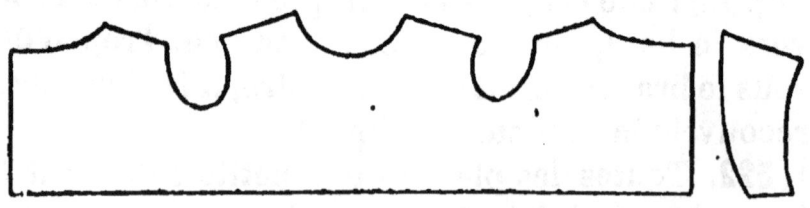

Fig. 75. — Chemisette ou brassière d'enfant.

s'adapter, en l'allongeant un peu, sans augmenter la largeur, à un corsage de grande personne.

526. Le corsage de robe, bien ajusté à la taille, serait fort intéressant à couper. Mais il est difficile;

170 COUTURE ET COUPE.

laissons-le pour une autre année, et contentons-nous pour le moment des trois patrons suivants : *tablier*

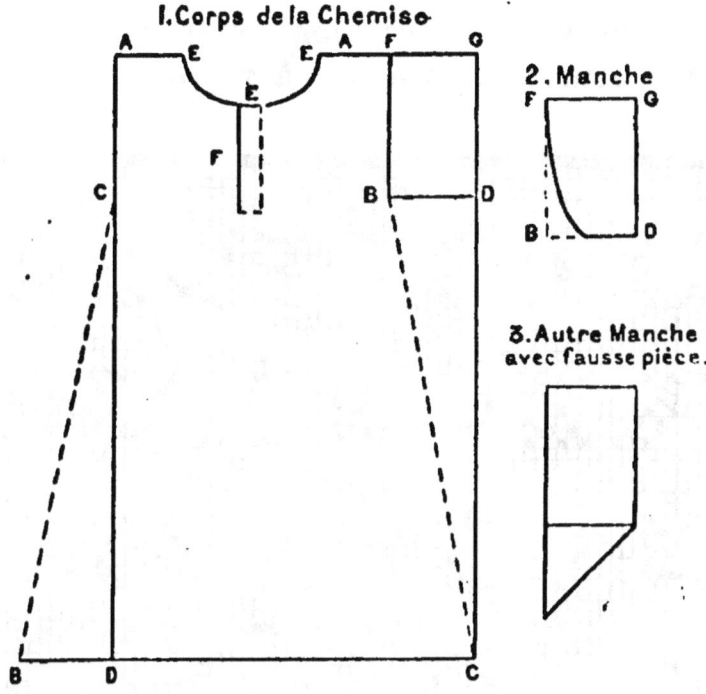

Fig. 76. — Chemise d'enfant.

à *bavette* (fig. 74), *chemisette* (fig. 75) et *chemise d'enfant* (fig. 76).

RÉSUMÉ (à réciter).

1. Avant de couper on prend des *mesures*;
Puis on dessine et on taille le *patron*;
On ajuste avec soin le patron sur l'étoffe ;
On coupe, en quelques coups de ciseaux droits et nets.

2. Dans un corsage, l'encolure est moins creusée dans la partie du dos que dans celle de la poitrine.

3. Dans une manche, la moitié qui est sous le bras est plus petite que l'autre.

4. Il est essentiel de bâtir et d'essayer avec soin.

IV. — Travaux divers.
(Marque, crochet, tricot.)
L'ŒUVRE DU TEMPS PERDU.

527. Quand vous saurez bien coudre et bien couper, vous pourrez apprendre à *marquer le linge* (fig. 77).

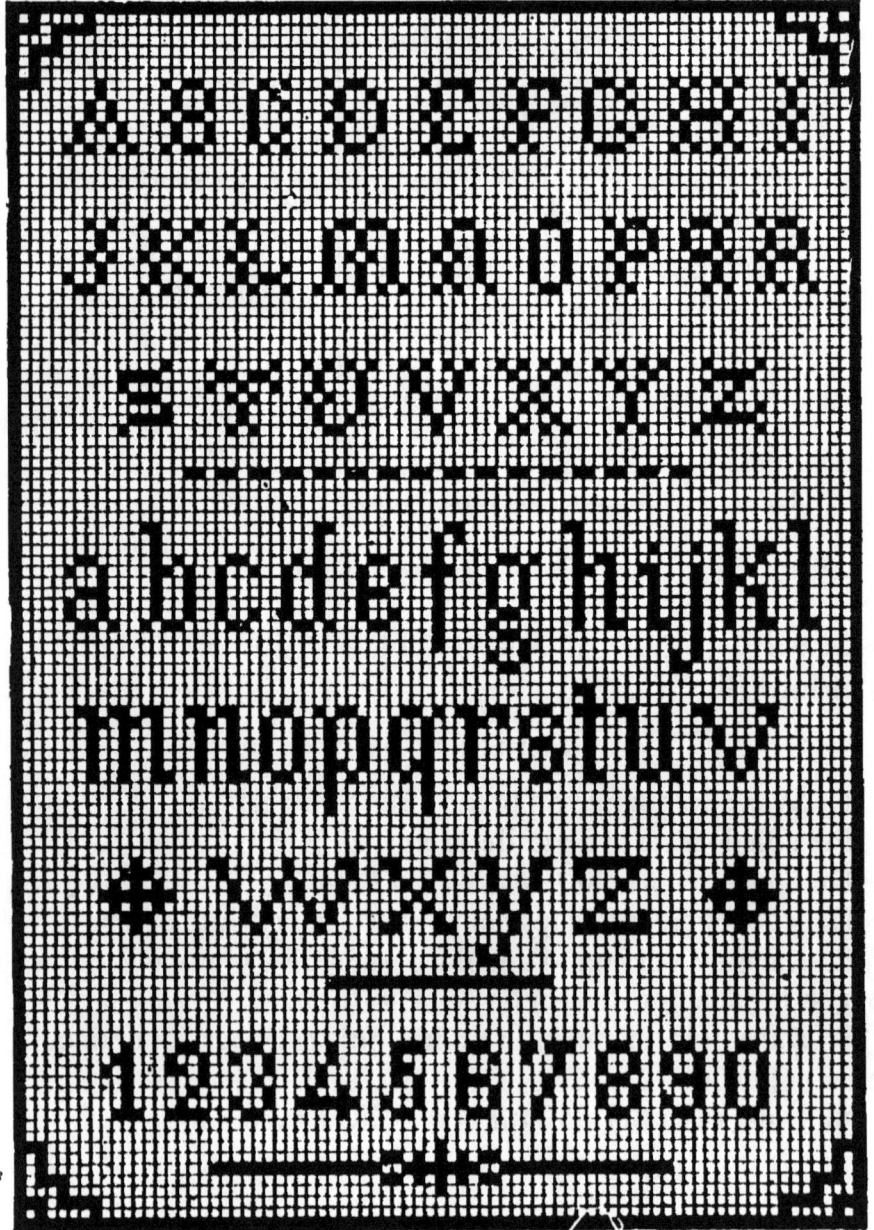

FIG. 77. — Il faut savoir marquer le linge.

528 Voici une jeune fille qui confectionne son trousseau. Au lieu de s'acheter beaucoup de robes, elle a préféré bien garnir son armoire à linge. Elle a déjà ourlé deux ou trois piles de serviettes écrues et de solides torchons, plusieurs paires de draps, et elle termine sa seconde douzaine de chemises. Tout cela est marqué avec du beau coton de Limoges rouge, aux initiales de la jeune fille. Elle a trouvé le modèle de ces initiales dans un joli alphabet sur canevas qu'elle avait fait à l'école.

529. On n'a pas besoin de recommander aux écolières d'apprendre à se servir du **crochet.** Toutes aiment à se confectionner des fichus de laine, des manchettes, des capuches, etc.

530. Ces petits ouvrages ne sont pas sans utilité, mais il ne faut pas pour eux négliger le **tricot,** beaucoup plus nécessaire.

531. Dès sa première année d'école, une petite fille doit savoir **conduire un bas,** comme on dit, *relever* elle-même ses mailles, si elle a la maladresse de les laisser couler, faire les *diminutions* à intervalles bien réguliers, *fermer* le talon et la pointe du pied.

532. Ce n'est pas un talent bien difficile; encore faut-il être attentive pour l'acquérir. Il *rend la main très adroite.* La petite fille qui sait bien tricoter aura les doigts déliés pour beaucoup d'autres ouvrages.

533 Tricot, crochet, etc., ont un grand avantage : on peut les prendre et les laisser plus facilement que la couture. Une fille laborieuse a toujours un tricot commencé dont elle fait quelques *tours,* aussitôt qu'elle a un instant inoccupé.

534. On raconte qu'un magistrat célèbre n'avait pu obtenir que les repas fussent servis chez lui à l'heure exacte. Comme il n'aimait pas à rester oisif, il avait rempli les moments d'attente et trompé sa faim en écrivant un gros livre. Un jour que le dîner était encore plus en retard que de coutume, il présenta le livre à sa femme en lui disant d'un ton railleur : « Ma chère amie, voilà l'œuvre des avant-dîners ! »

535. Vous ne pouvez pas, comme le chancelier d'Aguesseau*, écrire un gros volume à vos moments perdus. Mais si vous employez les moindres de ces moments, vous aurez appris, comme lui, à fuir l'oisiveté et vous aurez en outre... *quelques paires de bas de plus dans votre armoire.*

RÉSUMÉ (à réciter).

1. Je m'exercerai aux petits travaux de crochet, tricot, etc., mais je n'y consacrerai pas trop de temps. Je réserverai surtout ces ouvrages pour les moments de loisir.

2. Une fille laborieuse a toujours un tricot commencé dont elle fait quelques tours aussitôt qu'elle a un instant inoccupé. La paire de bas qu'elle confectionne ainsi sera « l'œuvre du temps perdu ».

INSTRUCTION CIVIQUE. — **Lire :** La loi. — Les Chambres (p. 181). — L'administration (page 182).

DEVOIRS DE RÉDACTION. — 1. Dites quels sont les différents points qu'on emploie pour coudre : 1° une robe ; 2° une chemise d'homme.

2. Expliquez le dicton : « Un point du lundi en vaut dix du jeudi ».

3. Avez-vous posé ou vu poser des pièces ? Comment s'y prend-on ?

4. Connaissez-vous les principales règles à suivre pour bien faire une reprise ?

5. Dites comment on coupe une chemise de femme. Accompagnez votre explication d'un dessin.

6. Dites comment vous faites un bas.

CONCLUSION

536. Nous avons, dans les chapitres qui précèdent, passé en revue bien des choses. Ne nous en resterait-il pas encore à étudier? Si, bien certainement.

537. L'année prochaine, nous reviendrons avec plus de détails sur les sujets d'économie domestique avec lesquels vous avez fait connaissance, et nous aborderons aussi des sujets nouveaux.

538. Cette année, nous ne sommes guère sorties, dans nos études, de la maison, du cercle de la famille. Il ne faut pas le regretter : *c'est là la vraie place des femmes.*

539. Cependant, quoiqu'elles n'aient que très rarement à sortir de la famille, il est bon que les femmes ne soient pas tout à fait ignorantes de ce qui se passe au dehors.

540. Elles entendent leur père, leurs frères, leur mari parler de travail, de salaire, de concurrence. *Il faut pouvoir comprendre;* il faut pouvoir, si l'on est consultée, dire parfois un mot qui soit *un conseil utile.*

541. Aussi avons-nous essayé, dans la seconde partie de cet ouvrage (pages 181 et suiv.), de vous donner quelques idées justes sur ces questions. En lisant avec soin cette seconde partie, vous remarquerez qu'une société qui travaille ne diffère guère d'une famille et qu'en fin de compte, *ce qui nuit aux uns profite rarement aux autres.*

542. Comme à vos frères, mais avec beaucoup moins de détails, on a voulu vous apprendre encore comment la France vit, se gouverne, paye ses dépenses, protège les intérêts de chacun de ses habitants, se défend contre l'étranger.

543. On vous a fait connaître à grands traits quelques-unes des lois de votre pays, auxquelles vous devez obéir aussi bien que vos frères.

544. Si vous étudiez avec attention cette partie de votre livre, vous en deviendrez plus capables d'être sœurs, femmes et mères de bons citoyens. Car, ne l'oublions pas, *on ne doit pas vivre et travailler seulement pour soi, ni même pour les siens.* Au delà de la famille de chacun de nous, il y a la grande famille de tous les Français, qui est la **patrie**.

545. Cette patrie, vous avez aussi des devoirs à remplir envers elle, *devoirs en temps de paix, devoirs en temps de guerre*, dont nous nous entretiendrons par la suite.

546. Là encore, nous nous apercevrons que la patrie ne diffère guère de la famille et que, dans l'une comme dans l'autre, pour bien faire il faut **aimer** et se **dévouer**.

547. « Douces et humbles de cœur », suivant le mot de l'Évangile, commencez donc dès aujourd'hui parmi les vôtres, en toute simplicité, l'apprentissage de cette *religion de l'affection et du dévouement*, qui est « la seule chose nécessaire ».

548. Et maintenant, petites écolières, séparons-nous pour quelque temps. Quand vous aurez fermé ce livre, pensez quelquefois aux conseils qu'il vous a donnés. Bon courage pour les mettre en pratique! Dans la vie qui commence pour vous, choisissez la bonne part que rien ne vous ôtera : le **devoir**.

ÉCONOMIE POLITIQUE. — **Lire :** L'échange. — L'argent. — Le prix des choses. — La concurrence. — Le salaire. — L'épargne, le capital, la propriété (p. 212).

176   COUTURE ET COUPE.

RÉCIT VI. — Les deux voies.

ALLÉGORIE.

Un enfant, une petite fille aux yeux bleus, cheminait dans une grande forêt.

Les oiseaux chantaient, les insectes bourdonnaient; de temps en temps, un vent léger agitait les hautes cimes des arbres, et leurs branches, en s'écartant, laissaient voir un pan de ciel d'un azur profond et donnaient passage à un rayon de soleil d'or qui venait jouer sur le tapis de mousse de la forêt.

La petite fille écoutait le chant des oiseaux et le bruissement du feuillage. Elle sautait gaiement, mettant ses petits pieds là où venaient tomber les beaux rayons dorés. « Comme

FIG. 78. — « Quelle est la meilleure des deux routes? » demanda l'enfant.

il fait bon ici, se disait-elle, et que je voudrais marcher toujours dans cette belle forêt ! »

Elle allait droit devant elle, ne pensant pas à chercher son chemin. Parfois, elle s'arrêtait pour cueillir des fleurs de bruyère ou regarder voler un papillon. La petite fille était heureuse.

A force de marcher elle arriva à un endroit de la forêt où deux routes s'ouvrirent devant elle (fig. 78). L'une et l'autre étaient longues, longues et, même en mettant la main par-dessus ses yeux pour n'être pas éblouie par le soleil, la petite fille ne put parvenir à en voir le bout.

Elle restait là, incertaine, ne sachant quel chemin choisir, quand elle aperçut un grand vieillard appuyé au tronc d'un vieux chêne ; elle pensa qu'il devait être le gardien des deux routes et elle lui demanda timidement laquelle il fallait prendre.

— Celle que tu voudras, mon enfant, répondit le grand vieillard ; aie grand soin toutefois de choisir la meilleure, car une fois dans l'une des deux voies, il est difficile de la quitter pour suivre l'autre.

— Et comment saurai-je qu'elle est la meilleure? dit l'enfant qui commençait à être inquiète ; elles se ressemblent beaucoup, ces deux routes.

— Au départ, oui, mais pas à l'arrivée. Écoute, reprit-il au bout d'un instant, si je ne puis pas te dire quelle est la meilleure des routes, je puis du moins te montrer ceux qui cheminent bien loin là-bas sur toutes deux.

L'enfant ouvrit de grands yeux, mais elle n'aperçut rien sur les deux longs rubans qui se déroulaient à perte de vue.

— Attends, dit le vieillard. Je te ferai voir tout à l'heure ce que je vois très nettement moi-même. Mais écoute d'abord.

Il y a soixante ans, deux enfants comme toi se rencontrèrent un matin ici. On leur avait dit que les deux routes, semblables au commencement, étaient bien différentes par la suite et à la fin. Dans l'une, il était facile de marcher pendant la première partie du voyage; chacun y pouvait faire ce qui lui plaisait, se dispenser de travailler, prendre pour soi toutes les choses agréables et laisser aux autres les choses ennuyeuses et pénibles; enfin, c'était la route du plaisir. Quant à ce que l'on trouvait au bout, c'était une autre question... « Bah ! dit alors une des fillettes dont je te conte l'histoire, que me fait ce qu'il y a au bout? Le chemin est long et, puisqu'on y trouve le plaisir, j'aurai le temps de m'amuser ! » Et vite elle enfila la première route sans même se

8.

soucier d'entendre ce qu'on lui dirait de la seconde. L'autre fillette, plus attentive, avait écouté la suite. « L'autre route n'était pas toujours unie et commode à suivre ; il fallait quelquefois faire de grands efforts pour surmonter les obstacles qu'on y rencontrait et résister à l'envie qu'on avait d'en sortir. Dans ce chemin, il n'était pas permis de jeter sur les épaules des autres les fardeaux qu'on avait à porter ; il fallait au contraire aider ses compagnons et renoncer souvent à son repos et à ses plaisirs pour les soutenir dans leur marche. Des plaisirs, on en goûtait aussi dans cette route, mais surtout de ces plaisirs qui viennent après le travail et la lutte. A la fin... » Mais je ne veux pas te dire ce qu'il y a à la fin. Mieux vaut te le montrer, qu'il te suffise de savoir que la seconde des fillettes ne prit pas la même route que sa compagne et que chacune a suivi un chemin différent depuis soixante ans. Et maintenant veux-tu voir où toutes deux sont arrivées ?

L'enfant, étonnée, fit signe de la tête que oui.

— Mets tes yeux là, dit le vieillard, en rapprochant ses deux pouces et ses deux index de façon à figurer une forme de lunettes. Regarde sur la première route dont nous avons parlé. Que vois-tu ?

— Oh ! s'écria l'enfant, je ne vois plus la forêt, je ne vois plus la route ; rien qu'une petite chambre sombre.

— Y a-t-il quelqu'un dans la petite chambre sombre ? »

— Oui, dit la petite fille après avoir regardé attentivement. Il y a une vieille femme accroupie près d'un feu éteint. Qu'elle est vieille ! qu'elle est laide ! qu'elle a l'air malheureux ! Dis, grand vieillard, ce n'est pas la petite fille qui a passé ici un jour de beau soleil et qui a choisi la route du plaisir ? »

— C'est elle-même, mon enfant. Tout alla bien pendant la première partie de la route. Mais, tu te le rappelles, cette route est celle où l'on ne travaille pas ; avec la paresse est venue un jour la pauvreté. »

— Oh ! qu'elle a l'air misérable, en effet ! s'écria l'enfant. Quels haillons elle porte ! comme sa chambre est nue et en désordre ! Est-ce que cette pauvre vieille est toute seule ? N'a-t-elle point d'enfants qui travaillent pour elle et lui donnent du pain ? »

— Elle est seule. Quand elle était jeune, elle n'a pensé qu'à elle, elle n'a pas voulu vivre pour les autres ; elle a cherché le plaisir et elle a fui la peine et le sacrifice. Personne aujourd'hui pour l'aimer. »

— Comme elle a les sourcils froncés ! dit encore l'enfant. Que de rides sur son visage ! Au coin de ses lèvres il y a un pli qui lui donne l'air malheureux et presque méchant. »

— C'est qu'en vérité elle est malheureuse et presque méchante aussi. Toujours mécontente d'elle-même, elle est aigrie contre les autres et les traits qui te choquent dans son visage ne font que dévoiler les tristes sentiments qu'elle a dans le cœur. Pauvre, abandonnée, l'amertume dans l'âme, elle achève péniblement l'existence qu'elle avait commencée avec tant d'insouciance. »

L'enfant détourna les yeux.

— C'est horrible ! dit-elle. Voilà donc où conduit la première route que tu m'as montrée ! Ah ! ne m'en fais pas voir davantage ; j'en sais trop à présent pour prendre ce chemin. »

— Si, dit le vieillard, je veux te montrer autre chose. Ceci suffit pour te dégoûter de la première voie, ce n'est pas assez pour t'aider à marcher joyeusement dans l'autre, souvent, je te l'ai dit, pénible et hérissée d'obstacles. Je veux te montrer au terme de son voyage l'enfant qui a choisi la seconde route. Tiens, reprends mes lunettes merveilleuses. »

La petite fille obéit, puis elle poussa un cri de surprise et de plaisir.

Le grand vieillard sourit.

— Que vois-tu cette fois ?

— Oh ! plus du tout la même chose ! Dans une grande salle propre et bien éclairée, j'aperçois une belle vieille femme avec une couronne de cheveux blancs. Autour d'elle, des hommes, des femmes, ses fils et ses filles, n'est-ce pas ? et beaucoup de petits enfants. Tous ont l'air de l'aimer. C'est le soir, et sans doute l'heure où tous viennent de rentrer ; ils se pressent autour de la grand'mère et chacun réclame un baiser. Qu'elle paraît heureuse et bonne !

— Oui, elle est heureuse, car elle voit le bonheur des siens et elle leur en a donné une grande part.

— Mais pourtant, dit l'enfant, elle aussi a des rides au front ; je les vois maintenant qu'elle ne sourit plus ; elle vient de passer sa main sur ses yeux, on dirait qu'il y avait une larme prête à couler sur sa joue ? elle n'est donc pas heureuse, elle non plus ?

Le vieillard hocha la tête et répondit :

— Des rides ? oui, elle aussi en a, car dans sa vie il y a eu, comme dans la vie de tous les hommes, des soucis, des peines, des chagrins. Tu as cru la voir essuyer à la dérobée une larme ? Tu ne t'es pas trompée. Ce bel enfant qui vient de sauter sur ses genoux lui rappelle un fils qu'elle a vu mourir. Elle ne s'est jamais consolée et pense toujours à l'absent, même au milieu de tous ceux qui lui restent. Mais elle n'attriste pas les autres de sa douleur. Vois comme elle sourit maintenant à son petit-fils en caressant ses boucles blondes ! Sans cesse la vaillante femme s'oublie elle-même pour rendre les autres heureux. Crois-moi, elle est heureuse aussi...

L'enfant était devenue grave et une religieuse émotion se lisait sur sa figure.

— Grand vieillard, dit-elle tout bas en étendant la main dans la direction où elle venait de voir la vieille femme en cheveux blancs, voilà la route que je veux suivre.

— Va, mon enfant, dit son guide. Tu as choisi la part dont parle l'Évangile, la bonne part que rien ne t'ôtera. Sais-tu lire ? Regarde ! La petite fille leva la tête et vit alors à l'entrée des deux routes deux écriteaux qu'elle n'avait pas encore aperçus.

Sur l'un, elle lut ces mots :

Paresse, égoïsme.

Sur l'autre :

Travail, devoir, amour.

— Je voudrais bien te demander encore une chose, dit-elle au vieillard. Comment s'appelle cette forêt où nous sommes ?

— Mon enfant, c'est *la vie*.

Vous avez sans doute compris que l'histoire du grand vieillard et de la petite fille dans la forêt est un conte.

Mais il est des contes qui disent au fond la vérité et peut-être, trouverez-vous, après avoir réfléchi, que celui-ci est de ce nombre.

DEUXIÈME PARTIE

NOTIONS D'INSTRUCTION CIVIQUE ET DE DROIT USUEL.

I. — La Loi.

1. Comment nomme-t-on la règle commune à laquelle tous les habitants d'un pays obéissent ?

On nomme cette règle commune la *Loi*.

2. A quoi sert la loi ?

La Loi fait connaître à chacun ses **droits** et ses **devoirs**. Elle assure la sécurité des personnes et le respect de la propriété.

3. Quel est le devoir de tout bon citoyen ?

Le devoir de tout bon citoyen est *d'obéir à la loi*.

4. Savez-vous où se trouve contenue la plus grande partie de la Loi française ?

Dans un gros livre qu'on appelle *code*.

Les Chambres.

5. Qui est-ce qui fait les lois en France ?

Les Lois sont votées par le **Sénat** et la **Chambre des députés**, qui exercent le *pouvoir législatif* et s'occupent de toutes les questions qui intéressent le pays.

6. De combien de membres se compose le Sénat ?

Le Sénat se compose de **300** membres, qui sont élus pour **neuf** ans.

7. Combien y a-t-il de députés ?

Il y a **584** députés, répartis entre les 86 départements suivant leur population.

8. Par qui et pour combien de temps les députés sont-ils élus?

Les députés sont élus pour **quatre ans** au **suffrage universel**, c'est-à-dire par tous les citoyens.

II. — L'administration.

Président de la République. — Ministres.

9. Quand la Loi est faite, à qui revient le soin de l'appliquer, de la faire *exécuter*?

Le soin de faire exécuter la Loi est confié au **Président de la République** et à ses **ministres**, qui constituent le *pouvoir exécutif*.

10. Pour combien de temps et par qui le Président de la République est-il nommé?

Le *Président de la République* est élu pour sept ans par les deux Chambres (Sénat et Chambre des députés) constituées en *Assemblée nationale*.

11. Combien y a-t-il de ministres?

Il y a onze ministres.

Intérieur.

12. De qui le ministre de l'Intérieur est-il le chef?

Le ministre de l'**Intérieur** est le chef des *préfets*, des *sous-préfets* et des *maires*.

13. Par qui la commune est-elle administrée?

La **commune** est administrée par le *maire* assisté d'un ou de plusieurs adjoints et d'un *conseil municipal* élu pour quatre ans.

14. Quel nom donne-t-on à la réunion de plusieurs communes?

Plusieurs communes forment un **canton**.

15. Que savez-vous du chef-lieu de canton?

Une des communes du canton, généralement la plus importante, est le **chef-lieu** de ce canton.

Au chef-lieu résident : le *juge* de paix, le *percepteur* des contributions directes, le *receveur* de l'enregistrement*. C'est au chef-lieu de canton que les jeunes conscrits tirent au **sort**.

16. Quel nom donne-t-on à la réunion de plusieurs cantons ?

Plusieurs cantons forment un **arrondissement**.

17. Par qui un arrondissement est-il administré ?

Un arrondissement est administré par un *sous-préfet*, assisté d'un *conseil d'arrondissement* élu.

18. Quel nom donne-t-on à la réunion de plusieurs arrondissements ?

Plusieurs arrondissements forment un **département**.

19. Par qui le département est-il administré ?

Le département est administré par un *préfet*, assisté d'un **conseil général**, qui se compose d'autant de membres qu'il y a de cantons dans le département.

Instruction publique.

20. De qui le ministre de l'Instruction publique et des Cultes est-il le chef ?

Le ministre de l'**Instruction publique et des cultes** est le chef des recteurs, des inspecteurs d'Académie, des inspecteurs primaires et des instituteurs. Comme ministre des cultes, il est chargé des rapports de l'État avec les différents cultes (catholique, protestant, israélite).

Il y a trois degrés d'enseignement : l'enseignement **primaire** donné dans les écoles primaires et dans les écoles normales.

L'instruction primaire est indispensable à tous.

Une bonne élève ne doit pas quitter l'école sans avoir obtenu le **certificat d'études** dont elle pourra toujours se montrer fière.

Au-dessus du certificat d'études, est le *brevet élémentaire* et le *brevet supérieur*.

L'enseignement **secondaire** est donné dans les institutions secondaires, dans les collèges et dans les lycées. —

Il y a aujourd'hui des collèges et des lycées de filles. — Le brevet de l'enseignement secondaire s'appelle *baccalauréat* pour les garçons; *certificat d'études secondaires* et *diplôme de fin d'études* pour les filles.

3° L'enseignement **supérieur** est donné dans les *facultés*. C'est là qu'étudient les médecins, les avocats, les pharmaciens, etc.

Il y a en outre de grandes écoles, comme l'*école polytechnique* pour les ingénieurs, les officiers du génie et de l'artillerie, — l'*école Saint-Cyr* pour les officiers; — l'*école des Beaux-Arts* pour les peintres, les sculpteurs et les architectes; — les *écoles normales supérieures* pour les professeurs, etc.

Justice.

21. De qui le ministre de la Justice est-il le chef?

Le ministre de la **Justice** est le chef des *juges de paix* (petites affaires), des *tribunaux civils* ou de *première instance* (toutes les autres affaires), des *cours d'appels* (révision des jugements de première instance), de la *cour de cassation* (annulation des jugements en dernier ressort et des arrêts en cour d'appel, lorsque ces jugements ou ces arrêts ont mal interprété la loi.

Les affaires sont portées devant les tribunaux par les **avoués**; les intérêts des plaideurs sont défendus par les **avocats**; les significations judiciaires et l'exécution forcée des actes publics se fait par l'intermédiaire des **huissiers**.

Les avoués, les huissiers se font payer chèrement leur ministère; les frais de justice eux-mêmes sont très élevés, si bien qu'on peut dire que celui qui gagne un procès dépense souvent autant d'argent que celui qui l'a perdu. Aussi vaut-il mieux, par de sages concessions, s'entendre à l'amiable avec son adversaire, ou, si on n'y parvient pas, accepter l'arbitrage du juge de paix, prononçant en *conciliation*.

Agriculture.

22. Quelles sont les attributions du ministre de l'Agriculture?

Le ministre de l'**Agriculture** organise les *concours* régionaux* et les *comices* agricoles*.

Commerce et industrie.

23. Quelles sont les attributions du ministre du Commerce et de l'Industrie?

Le ministre du **Commerce** et de l'**Industrie** donne ses soins aux choses qui intéressent les échanges (commerce) et à la production (industrie).

Travaux publics.

24. De quoi s'occupe le ministre des Travaux publics?

Le ministre des **Travaux publics** s'occupe des chemins de fer, des canaux, des ports, des routes, etc.

Postes et télégraphes.

25. Quelles sont les attributions du ministre des Postes et des Télégraphes?

Le ministre des **Postes** et des **Télégraphes** surveille la transmission des lettres et des télégrammes.

Nos lettres, une fois mises à la poste, sont emportées dans toutes les directions par les chemins de fer.

On peut envoyer de l'*argent* par la poste soit en insérant des billets de banque dans la lettre (lettre chargée). (Il y a une taxe de un pour cent à payer en sus de l'affranchissement); soit en remplaçant le billet de banque par un *mandat* que l'on demande au bureau de poste.

Beaucoup de communes sont aujourd'hui en relations par les *fils télégraphiques* avec toute la France. Par le télégraphe, les communications sont presque instantanées. Le prix des dépêches est fixé à cinq centimes par mot.

On peut aussi *parler* à grandes distances par les fils télégraphiques (téléphones).

Affaires étrangères.

26. Quelles sont les attributions du ministre des Affaires étrangères?

Le ministre des **Affaires étrangères** s'occupe des relations de la République française avec les autres nations.

Guerre.

27. A qui commande le ministre de la Guerre?

Le ministre de la **Guerre** commande à l'armée.

Tout Français qui n'est pas déclaré impropre au service militaire peut être appelé à faire partie de l'armée depuis l'âge de *vingt* ans jusqu'à l'âge de *quarante-cinq* ans, d'abord dans l'**armée active** (trois ans), puis dans la *réserve de l'armée active* (sept ans), ensuite dans l'**armée territoriale** (six ans), enfin dans la *réserve de l'armée territoriale* (neuf ans).

Sont **dispensés** du service au bout d'un an passé sous les drapeaux, en temps de paix : 1° l'aîné d'orphelins de père et de mère ; 2° le fils unique ou l'aîné des fils d'une femme veuve, ou d'un père aveugle ou septuagénaire ; 3° l'aîné des fils d'une famille de sept enfants au moins.

La France a besoin qu'on la défende contre ses ennemis du dehors : tout bon Français est bon soldat.

Marine et Colonies.

28. Quelles sont les attributions du ministre de la Marine et des Colonies?

Du ministre de la **Marine et des Colonies** dépend le personnel des navires de guerre (flotte).

Tous les individus qui se livrent à la navigation ou à la pêche maritime sont à la disposition du ministre de la marine depuis dix-huit ans jusqu'à cinquante ans (**inscription maritime**). — En temps de paix, le service actif est de trois ans. En temps de guerre, la levée se fait dans l'ordre suivant : 1° les célibataires ; 2° les veufs sans enfants ; 3° les hommes mariés sans enfants ; 4° les pères de famille.

Finances.

29. De quoi s'occupe le ministre des Finances?

Le ministre des **Finances** perçoit les impôts.

Il y a deux sortes d'impôts ou contributions, les *contributions directes* et les *contributions indirectes*.

Les contributions directes comprennent principalement :

La **contribution foncière** (qui frappe les terres).

La **contribution personnelle** (qui frappe tout individu non indigent, homme, veuve ou célibataire possédant des biens en propres) et *mobilière* (qui dépend du prix qu'on retirerait de la location de la maison) (valeur locative).

La **contribution des portes et fenêtres**.

La contribution des **patentes** qui est payée par tout individu exerçant un commerce, une industrie, etc.

Aux contributions directes, il faut ajouter les *prestations* (valeur de trois journées, soit en travail, soit en argent) qui sont dues par tout homme valide âgé de dix-huit ans au moins et de soixante ans au plus, ainsi que par chaque voiture attelée et par chaque bête de somme.

Les contributions directes sont payées chaque année au *percepteur*.

Les principales **contributions indirectes** sont celles qui frappent certains objets de consommation (vins, eaux-de-vie, sucre, sel), le tabac, les allumettes, les cartes à jouer, la poudre, etc.

On paye aussi un droit sur les maisons, sur les terres qu'on achète, sur les héritages qu'on fait, etc. (droit d'enregistrement) ; — pour les papiers destinés à la rédaction de certains actes (papiers timbrés) ; — sur les marchandises ou denrées qu'on introduit en France ou qu'on en fait sortir (douane) ; — sur les marchandises qu'on introduit dans les communes qui ont plus de 4,000 habitants (octroi).

30. A quoi servent les impôts ?

Les *impôts* servent à payer les **dépenses** qui intéressent tout le pays : armée, administration, travaux publics tels que routes, canaux, écoles, etc.

31. Qui est-ce qui profite de l'impôt ?

Tous les habitants du pays profitent de l'impôt.

32. S'il en est ainsi, payer l'impôt est-ce, comme on le dit quelquefois, « donner de l'argent au gouvernement » ?

Non. Payer l'impôt, c'est mettre de l'argent à la masse commune *en chargeant l'État de l'employer* dans notre intérêt et dans celui de nos concitoyens.

33. A qui nuiraient ceux qui chercheraient à se soustraire à l'obligation de payer l'impôt ?

A eux-mêmes et à leurs concitoyens.

34. Qui est-ce qui vote les impôts?

Les impôts et leur emploi sont votés par les *Chambres* pour la France entière, par le *conseil général* pour le département, par le *conseil municipal* pour la commune.

III. — Désobéissance à la loi.

35. Qu'arrive-t-il si l'on refuse d'obéir à la loi ou si l'on fait ce qu'elle défend?

Si l'on refuse d'obéir à la loi ou si l'on fait ce qu'elle défend, on est forcé à l'obéissance ou puni par les magistrats qui composent les tribunaux.

Les magistrats ont le pouvoir de juger ou *pouvoir judiciaire*.

36. Quel est le rôle des tribunaux dans les procès entre particuliers?

Dans les procès entre particuliers ou *affaires civiles*, le tribunal décide quel est celui des plaideurs qui a raison d'après la loi et il lui fait *rendre justice*.

37. Devant quels juges sont portés les procès entre commerçants, les contestations entre ouvriers et patrons?

Les procès entre commerçants sont portés devant le *Tribunal de commerce*, dont les juges sont des commerçants élus par les autres commerçants.

Les contestations entre ouvriers et patrons sont déférées au *Conseil des prud'hommes*, qui se compose d'un nombre égal d'ouvriers et de patrons élus par des catégories déterminées d'ouvriers, de contremaîtres et de patrons.

Contraventions, délits, crimes.

38. Quels sont les divers degrés de désobéissance à la loi?

La désobéissance à la loi s'appelle, suivant son degré de gravité, **contravention, délit, crime**.

39. Par qui sont jugées les contraventions?

Les *contraventions* sont jugées par le tribunal de **simple police** (juge de paix et, dans certains cas, maire) et punies d'une amende qui varie de 1 à 15 francs et d'un emprisonnement dont la durée ne peut pas dépasser 5 jours.

40. Par qui sont jugés les délits?

Les *délits* amènent ceux qui les commettent devant le tribunal civil qui tient alors une audience de **police correctionnelle**.

41. Devant quel tribunal les crimes conduisent-ils?

Les *crimes* conduisent devant la **Cour d'assises**, qui se compose de trois magistrats et de douze **jurés**, choisis parmi les électeurs du département.

Complicité. — Recel.

42. Comment se rend-on coupable de complicité?

Une personne n'a pas commis elle-même un crime, mais elle a *aidé* à le commettre; par exemple, elle a fourni au malfaiteur, en sachant l'usage coupable qu'il allait en faire, des armes ou du poison : cette personne aura à répondre devant la justice du crime de **complicité**.

43. Comment se rend-on coupable de recel?

On se rend complice du vol en cachant, en **recélant** les objets volés alors qu'on connaît leur provenance. En ce cas, on encourt une condamnation pour **recel**.

Abus de confiance.

44. En quoi consiste l'abus de confiance?

L'abus de confiance consiste à *détourner* à *son profit* des objets ou de l'argent qui ne vous avaient été remis qu'à titre de *dépôt* ou de *louage* ou encore pour un travail déterminé.

45. Donnez un exemple.

Exemple. — Jean a reçu de son ami Pierre, matelot, une somme de 300 francs que Pierre l'a prié de garder pendant une de ses traversées*. Pierre meurt en mer. Jean garde les 300 francs au lieu de les rendre aux héritiers de Pierre : *abus de confiance*.

46. Donnez un second exemple.

Autre exemple. — Sylvie, ouvrière repasseuse, charrie les paniers de linge sur une petite voiture à bras pour le compte de sa maîtresse, qui est propriétaire des paniers et de la voiture. Le dimanche, Sylvie se sert de la voiture et des paniers, à l'insu de sa patronne, pour faire à son propre bénéfice un commerce de fruits et de légumes : *abus de confiance*.

47. Comment l'abus de confiance est-il puni ?

L'abus de confiance est puni d'un emprisonnement qui ne dure jamais moins de deux mois.

48. Dans quel cas la peine est-elle plus sévère ?

La peine est plus sévère quand le coupable était employé à un titre quelconque dans la maison de celui dont la confiance a été trompée.

Vol domestique.

49. Qu'appelle-t-on vol domestique ?

On appelle **vol domestique** le vol commis au *préjudice de ceux chez lesquels on vit* à titre de domestique, employé, élève, etc. Ce vol est puni de peines particulièrement sévères.

Discernement. — Jeunes détenues.

50. Qu'arrive-t-il quand le coupable est âgé de moins de 16 ans ?

Quand la personne qui a commis un crime ou un

délit est âgée de moins de 16 ans, les juges examinent si elle a agi *avec* ou *sans* **discernement**. Suivant les cas, *ils renvoient le coupable à sa famille* ou décident qu'il passera un temps déterminé dans une **maison de correction**.

51. Quels sont les droits du père de famille à l'égard d'un enfant coupable?

Le père de famille peut aussi *demander la détention de son enfant dans une maison de correction* sans que celui-ci ait commis des fautes tombant sous le coup de la loi, si sa conduite donne lieu à des plaintes graves et s'il refuse d'accepter les corrections de ses parents. Les enfants insoumis sont obligés de se plier dans ces maisons à une discipline sévère; ils en ressortent souvent corrigés par la bonne éducation qu'ils y ont reçue.

52. A quels travaux sont exercées les jeunes détenues.

Les jeunes détenues sont exercées, dans les maisons de correction, à divers travaux, surtout aux travaux de couture; elles peuvent y devenir de bonnes ouvrières en même temps que d'honnêtes personnes.

IV. — Actes de l'état civil.

Acte de naissance. — Acte de décès.

53. Quand il naît un enfant dans une famille, quelle formalité faut-il aller remplir à la mairie?

Pierre et Rose Charron viennent d'avoir une fille. Pierre se rend dans les trois jours à la mairie avec deux de ses amis ou voisins, âgés de plus de 21 ans, qui lui serviront de témoins, et il **déclare** la naissance de sa fille Rose-Geneviève.

L'acte de naissance est aussitôt rédigé; il sera conservé sur les registres de la mairie.

54. Son acte de naissance sera-t-il utile à Geneviève par la suite?

On lui demandera un **extrait** de cet acte quand elle voudra passer un examen, se marier, etc. Cet extrait ou copie, sur papier timbré*, est délivré à la mairie moyennant le payement d'une somme de 2 fr. 35 cent. (1).

55. Dresse-t-on dans les mairies d'autres actes que des actes de naissance?

On dresse aussi dans les mairies les **actes de décès** et les **actes de mariage**.

56. Quand il meurt quelqu'un dans une famille, quelle formalité faut-il remplir?

Quand il meurt quelqu'un dans une famille, on doit aller immédiatement en faire la déclaration à la mairie. **L'acte de décès** est dressé en présence de deux témoins majeurs, parents, voisins ou amis du décédé.

Mariage. — Publications.

57. Quelles formalités faut-il remplir avant le mariage?

Geneviève a 22 ans; elle habite avec son père la commune d'Aigueperse. Elle va épouser Jean Bernard, lequel a son domicile dans la commune de Combefleurie. A la porte des deux mairies *on appose une affiche* annonçant qu'il y a entre eux **promesse de mariage**. Cette affiche restera en place d'un dimanche à l'autre; Geneviève et Jean pourront se marier le troisième jour après le second dimanche.

Consentement des parents.

58. Quelles pièces devra produire Geneviève le jour du mariage?

Un extrait de son *acte de naissance.* — L'acte de

---

(1) Feuille de papier timbré, 1 fr. 80; extrait, 30 c.; légalisation de la signature, 25 c.

décès de sa mère morte il y a quelques mois. — *Le consentement de son père par acte notarié s'il ne peut pas assister au mariage.* S'il y assiste et signe sur le registre de la mairie, cette dernière pièce sera inutile.

59. Geneviève aurait-elle pu se passer du consentement de son père s'il le lui avait refusé?

Elle aurait pu se passer de ce consentement, car elle a plus de vingt et un ans; mais elle aurait dû signifier à son père ce qu'on appelle des **actes respectueux**.

Célébration du mariage.

60. Le temps exigé par la loi après les publications est écoulé. Comment se célèbre le mariage?

Le mariage se célèbre **publiquement**, c'est-à-dire toutes portes ouvertes, dans la Maison Commune, *en présence de quatre témoins*, parents ou non parents, âgés de plus de vingt et un ans. Le maire donne lecture d'un chapitre du Code civil, puis il demande successivement à Jean Bernard et à Geneviève de déclarer s'ils veulent se prendre pour mari et femme. Sur leur réponse affirmative, il les déclare unis par le mariage. L'acte de mariage est dressé sur-le-champ; il est signé par les quatre témoins et les nouveaux époux.

61. Quels seront dorénavant les droits et les devoirs de Jean et de Geneviève à l'égard l'un de l'autre?

Ils se doivent mutuellement **fidélité, secours, assistance**; Jean doit **protection** à sa femme, Geneviève **obéissance** à son mari.

62. Quelle est la situation de la femme mariée?

Geneviève, comme femme mariée, *n'a pas d'autre domicile* que celui de son mari.

Elle ne peut être marchande publique sans l'autorisation de son mari

Elle ne peut faire aucun acte de vente, donation, etc., sans l'autorisation de son mari.

Toutefois, elle peut faire son testament sans le consulter.

Aliments dus aux beaux-parents.

63. Geneviève contracte-t-elle par son mariage des obligations envers les parents de son mari ?

Oui, elle leur devra *des aliments* (logement, nourriture, vêtements) *s'ils sont dans le besoin*, comme elle en doit à ses propres parents. Les mêmes devoirs incombent à son mari.

Régime de la communauté pour les biens.

64. Les biens que possède Geneviève restent-ils sa propriété après son mariage ?

S'il n'y a pas de contrat passé devant un notaire, les biens de Jean et de Geneviève sont sous *le régime de la communauté.*

65. Cette expression veut-elle dire que tous leurs biens sont mis en commun ?

Pas tout à fait. Jean avait une maison et un jardin ; ils continuent de lui appartenir. Geneviève a quelques hectares de champs et de prairies ; elle en reste propriétaire. Mais les **revenus** de ces deux propriétés appartiennent *en commun* à Jean et à Geneviève.

Sont aussi communs à Jean et à Geneviève :

1° Les biens meubles, c'est-à-dire l'argent, les valeurs de diverses espèces, le mobilier, le linge, etc., que chacun possédait au moment du mariage.

2° Tous les biens, de quelque nature qu'ils soient, qu'ils pourront acquérir pendant le mariage, excepté les biens fonds ou immeubles dont l'un ou l'autre deviendra propriétaire par héritage ou par donation.

Ainsi trois sortes de choses : les revenus des biens de toute espèce, les biens meubles, les biens acquis pendant le mariage forment ce qu'on appelle les **biens de la communauté**.

66. Qui est-ce qui administre ces biens?

C'est le mari qui les administre seul, et il peut les vendre, louer, etc., sans l'avis de sa femme.

Jean administre aussi les quelques hectares de terre qui sont restés le bien propre de sa femme; mais il ne pourrait pas les vendre ou emprunter de l'argent en donnant sur eux une hypothèque * sans le consentement de Geneviève.

67. Peut-on aussi établir la communauté par un contrat?

Oui. Mais c'est presque toujours alors pour la modifier. Ainsi, dans quelques cas *on réduit la communauté aux acquêts*, c'est-à-dire que les époux ne mettent en commun que les **revenus** de leurs biens, les **acquisitions** *faites pendant le mariage* et les **économies** qu'ils pourront réaliser. La dot en argent, le mobilier, le linge, etc., que possédait chacun d'eux avant le mariage, reste sa propriété.

Régime dotal.

68. Geneviève ne s'est pas mariée sous le régime de la communauté, mais sous le *régime dotal*. Que signifie cette expression?

Elle signifie que les biens de Geneviève constituent, d'après son contrat de mariage, une **dot** qui est **inaliénable**, c'est-à-dire qui ne peut être ni donnée, ni vendue, quand bien même Geneviève et son mari y consentiraient.

69. Qui est-ce qui administre la dot de Geneviève et en touche les revenus?

C'est son mari; ces revenus appartiennent au mari comme sa chose propre.

70 Si Geneviève, le qu'elle aura des enfants en âge de se marier, voulait les doter à son tour, serait-elle libre de *disposer pour cela de sa dot?*

Oui, si son mari y consent. On fait, pour ce cas et pour quelques autres, une exception à la règle qui veut que la dot soit inaliénable. Mais dans un cas autre que celui qui vient d'être précisé, il faut, outre l'autorisation du mari, celle du tribunal civil.

71. Qu'adviendrait-il de la dot de Geneviève si elle venait à mourir sans faire de testament et qu'elle n'eût pas d'enfants?

Jean serait obligé de *restituer* * *la dot à la famille* de sa femme.

V. — Les biens. — Contrats. — Testaments. Donations. — Vente. — Louage.

72. De qui Geneviève tenait-elle les biens qui lui ont été reconnus par son contrat de mariage?

De ses parents. Sa mère en mourant lui a laissé par **testament** 6 hectares de champs cultivés; son père lui a fait **donation**, au moment de son mariage, d'une prairie de 3 hectares et de 2 000 francs en argent.

Testaments.

73. La mère de Geneviève a-t-elle recouru à un notaire pour faire son testament?

Non, elle a fait un **testament olographe**, c'est-à-dire *écrit en entier et signé de sa main*. Ce testament a la même valeur qu'un **testament par acte notarié** dicté par le testateur* à un notaire en présence de quatre témoins.

ET DE DROIT

Partages.

74. Marianne, la mère de Geneviève, ayant trois enfants, comment aurait été partagée sa succession * si elle n'avait pas laissé de testament?

La succession aurait été partagée **également** entre ses trois enfants.

75. Mais un des trois enfants de Marianne, sa fille Adèle, est morte avant elle, laissant deux enfants, Pierre et Julie. Ces enfants ont-ils droit à une partie de l'héritage de leur grand'mère?

Ils ont droit *à la part qu'aurait eue leur mère si elle vivait encore.* A eux deux, ils recevraient donc un tiers de la fortune de Marianne, et l'héritage se répartirait ainsi :

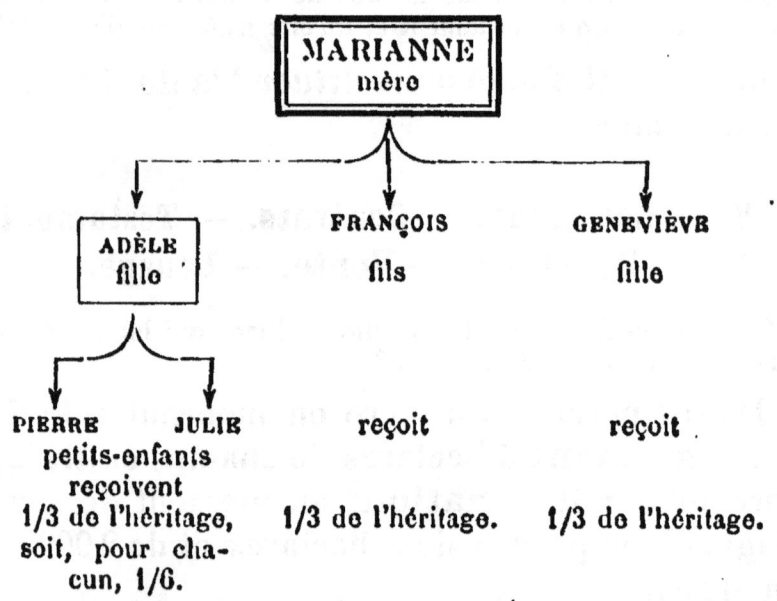

Quotité disponible.

76. Marianne, la grand'mère, aurait pu partager ainsi ses biens par testament. Mais elle a une sœur infirme à laquelle elle a légué quelques milliers de francs. En avait-elle le droit?

Oui. Elle pouvait disposer librement, en faveur de personnes autres que ses enfants, du quart de sa fortune; ce *quart* est appelé **quotité disponible**.

Cette quotité aurait été du *tiers* si Marianne avait

ou deux enfants seulement; de la *moitié* si elle n'en avait ou qu'un.

D'après le testament de Marianne, disposant du quart de son bien en faveur de sa sœur Marthe, l'héritage sera ainsi partagé :

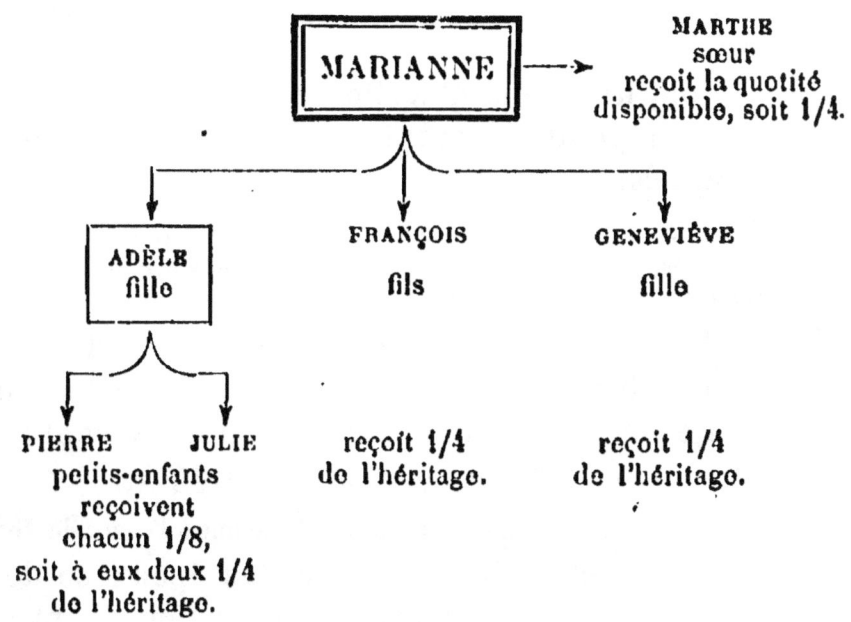

Scellés.

77. Les orphelins d'Adèle étant des *enfants mineurs*, quelle formalité a-t-il fallu remplir chez Marianne avant l'ouverture de la succession?

Il a fallu mettre les **scellés**, c'est-à-dire poser chez elle, après son décès, des bandes de papier sur les meubles et les portes, et les marquer du **sceau** de la justice de paix.

Droits de mutation.

78. Geneviève a-t-elle eu quelque chose à payer pour pouvoir toucher sa part de l'héritage?

Elle a payé au bureau de l'enregistrement des **droits de mutation***, c'est-à-dire qu'elle a versé une somme pour avoir le droit de recueillir l'héritage. Cette somme est de 1 pour 100 pour les héritiers en ligne directe. Plus le degré de parenté est éloigné, plus les droits sont élevés. Ainsi, Geneviève a recueilli dernièrement d'un de ses oncles un legs de 1 500 fr. Elle a dû payer à raison de 6 fr. 50 pour 100, soit, pour 1 500 fr., 97 fr. 50.

79. Si Jean venait à mourir avant sa femme, celle-ci hériterait-elle de sa fortune?

Non, un époux n'hérite de l'autre que si ce dernier n'a point de parents ou n'a que des parents très éloignés.

80. Jean, qui n'a plus, en fait de parents, que quelques cousins éloignés, voudrait assurer son bien à Geneviève pour le cas où il mourrait le premier. Que doit-il faire?

Il peut : 1° déclarer son intention de faire sa femme héritière de ses biens dans le contrat de mariage; 2° faire un testament en sa faveur; 3° lui faire une donation après son mariage.

81. Geneviève peut-elle procéder de même à l'égard de Jean?

Oui, il n'est pas rare que les époux se donnent mutuellement leurs biens « au dernier vivant » dans leur contrat de mariage.

Donations entre vifs.

82. Y a-t-il des formalités particulières à remplir pour les *donations entre vifs* (vivants)?

Ces donations doivent être faites par **acte notarié***. Les donations d'immeubles, terres, maisons, etc., sont *transcrites aux bureaux des hypothèques de l'arrondissement* où ils sont situés.

83. Les biens peuvent-ils changer de mains autrement que par suite de testament ou de donation?

Oui; les biens peuvent être *vendus* par celui qui les possède. Les conditions de la vente sont ordinairement réglées par un **contrat** rédigé par un notaire et signé par le vendeur et par l'acquéreur.

Les biens peuvent aussi être *loués* pour un temps et à des conditions déterminées par un *bail*.

En donnant leur signature, les deux parties *contractent des obligations mutuelles*. Si l'un des signataires vient à ne pas remplir ses engagements, il n'est pas en droit d'exiger que l'autre signataire tienne les siens.

VI. — Commerce.

Consentement du mari.

84. Geneviève veut devenir *marchande*. Peut-elle faire le commerce sans l'*autorisation* de Jean?

Non. Jean n'a du reste aucune formalité à remplir pour donner son consentement aux projets de sa femme; il suffit qu'il la laisse les réaliser sans y mettre d'opposition.

85. Si c'est un débit de boissons que Geneviève se propose d'ouvrir, n'a-t-elle pas une formalité à remplir?

Oui, elle est tenue de faire une déclaration à la mairie, quinze jours au moins à l'avance et par écrit. A Paris, la déclaration est faite à la préfecture de Police.

86. A quoi s'exposerait-on en ouvrant un cabaret sans en faire la déclaration?

En ouvrant un cabaret sans en faire la déclaration, on s'exposerait à une amende de 16 à 100 francs.

87. Quelles seront les obligations de Geneviève quand elle sera commerçante?

Elle devra : 1° payer une patente; 2° rendre public son contrat de mariage; 3° avoir des livres de commerce régulièrement tenus, etc.

Livres de commerce.

88. En quoi consistent les livres de commerce obligatoires?

Ils sont au nombre de trois :

1° Le **livre-journal**, où Geneviève inscrira jour par jour ce qu'elle recevra ou payera. Elle y inscrira aussi à la fin de chaque mois la *somme des dépenses de son ménage*;

2° Le livre de **copie de lettres** où elle fera le relevé de toutes les lettres qu'elle aura à écrire pour son commerce. Elle mettra en liasse et *conservera les lettres qu'elle recevra*;

3° Le **livre d'inventaire**, sur lequel elle notera à la fin de l'année l'état de ses affaires : d'une part la valeur des marchandises qu'elle a en magasin, l'argent qu'elle a en caisse, les sommes qu'on lui doit, — ces choses représentent son **actif**; — d'autre part, les sommes qu'elle doit ou son **passif**.

Faillite.

89. A quoi sert l'inventaire?

L'inventaire est très utile au commerçant pour lui permettre de se rendre compte de l'état de ses affaires. Si l'actif l'emporte de beaucoup sur le passif, le commerce est prospère ; on peut continuer, étendre même ses opérations. Si la différence est faible, Geneviève continuera, mais avec prudence. Si le passif dépasse l'actif, Geneviève, devant plus qu'elle n'a, sera forcée de cesser ses payements et on la déclarera en **faillite**.

Dans les trois jours de la cessation des payements, tout commerçant doit en faire la déclaration au greffe* du tribunal de commerce, ou, s'il n'y a pas de tribunal de commerce, au greffe* du tribunal de première instance.

Le commerçant déclaré en faillite *ne peut plus administrer ses biens*. Cette administration passe à un *syndic provisoire* désigné par le tribunal et surveillé par un *juge commissaire*.

Quelquefois les créanciers replacent le commerçant à la tête de ses affaires, en lui faisant remise d'une partie de ses dettes. Cet accord s'appelle **concordat**.

Le failli est privé de ses *droits politiques* *. — Lorsqu'un failli ou lorsque la famille du failli a réussi, dans les années qui suivent la déclaration de faillite, à rembourser aux créanciers tout ce qui leur était dû, les effets de la faillite sont effacés (*réhabilitation*).

Un failli doit tenir à honneur d'obtenir sa réhabilitation — Un failli peut être réhabilité, même *après sa mort*.

Banqueroute.

90. Qu'arriverait-il si Geneviève avait négligé de tenir régulièrement ses livres ?

Elle pourrait être condamnée pour **banqueroute**. La banqueroute simple est punie d'un emprisonnement d'un mois à deux ans.

Tromperie sur la marchandise. — La punition.

91. A quoi la loi, d'accord avec l'honnêteté, oblige-t-elle encore Geneviève en qualité de commerçante ?

Geneviève ne doit pas tromper ses clients sur la *nature* de la marchandise vendue (par exemple, elle ne vendra pas de la chicorée pour du café, si elle est épicière).

Elle ne doit pas les tromper sur la *quantité*, soit en se servant de faux poids ou de fausses mesures, soit en pesant ou mesurant inexactement, soit en ajoutant à la marchandise une substance étrangère qui en augmente le poids ou le volume.

92. A quoi s'exposerait-on en commettant ces fraudes ?

A un emprisonnement de trois mois à un an et à une amende de 50 francs et au-dessus.

La peine est plus sévère si la marchandise falsifiée contient des substances nuisibles à la santé.

Le tribunal qui condamne la personne convaincue de tromperie sur la marchandise peut en outre ordonner *l'affichage du jugement* et la publication dans les journaux.

93. Que fait-on des objets sur lesquels il y a eu tromperie?

Ils sont confisqués. Les faux poids et les fausses mesures sont saisis et brisés. Le lait falsifié est répandu ou envoyé aux hôpitaux s'il ne contient pas de substance nuisible; de même pour les autres denrées alimentaires sur lesquelles il y aurait eu fraude.

VII. — Tutelle. — Majorité. — Émancipation.

Tutelle.

94. Jean vient à mourir; Geneviève est veuve; ses enfants sont mineurs. Son rôle à l'égard de ceux-ci change-t-il?

Geneviève devient la **tutrice** de ses enfants; elle va exercer l'autorité qui appartenait au père durant sa vie et administrer à sa place les biens de ses enfants.

95. Geneviève est-elle forcée d'accepter la tutelle?

Non, Geneviève peut refuser la tutelle si elle trouve cette tâche trop difficile; mais elle doit remplir les fonctions de tutrice jusqu'à ce qu'un tuteur ait été nommé.

96. Si Geneviève voulait contracter un second mariage, conserverait-elle la tutelle?

Avant de se remarier, elle devrait convoquer le **conseil de famille**. Ce conseil déciderait si la tutelle *doit ou non lui être conservée*.

Conseil de famille.

97. Qu'est-ce que le *conseil de famille*?

Le conseil de famille se compose du juge de paix et de six parents ou alliés* pris, moitié du côté paternel, moitié du côté maternel. L'autorisation de ce conseil est nécessaire à la tutrice pour certains actes.

Subrogé-tuteur.

98. Le conseil de famille nomme *subrogé-tuteur* le frère aîné de Jean, Isidore. En quoi consisteront ses fonctions?

Le subrogé-tuteur surveillera l'administration de Geneviève.

Inventaire des biens des mineurs.

99. Geneviève accepte la tutelle. Quel est son premier soin?

Dans les dix jours qui suivent la mort de Jean, elle fait faire l'**inventaire** des biens de ses enfants mineurs, en présence de l'oncle Isidore, subrogé-tuteur.

100. Comment la loi définit-elle les obligations du tuteur ou de la tutrice?

Le tuteur, dit la loi, prendra soin de la personne du mineur et le représentera dans tous les actes civils. Il administrera ses biens.

101. Geneviève a-t-elle la *jouissance* des biens de ses enfants?

Oui, jusqu'au moment où *ils auront 18 ans révolus*. Elle touche les revenus, sans avoir à en rendre compte, à la condition bien entendu de pourvoir à tous les besoins de ses enfants.

102. Quelles sont les choses que Geneviève ne peut faire qu'avec *l'autorisation du conseil de famille*?

Elle ne peut pas, sans cette autorisation, **emprunter** par exemple pour ses enfants ou **vendre** les immeubles qui leur appartiennent. Elle ne peut pas, non plus, **accepter** pour eux des biens. Ainsi, l'oncle François veut faire une donation à Victor. Avant de l'accepter ou de la refuser au nom de son fils, Geneviève doit consulter le conseil de famille. Louise a reçu par testament un legs de sa grand'tante Marthe : Geneviève consulte encore le conseil. Du reste, en aucun cas, la succession advenue au mineur ne peut être acceptée autrement que sous *bénéfice d'inventaire*, c'est-à-dire que Louise ne pourra avoir à payer aux créanciers de sa tante, si elle en avait, plus qu'elle ne trouve dans sa succession.

Majorité. — Comptes de tutelle.

103. A quel moment Geneviève aura-t-elle à rendre ses *comptes de tutelle?*

A la majorité de ses enfants, c'est-à-dire au moment où ils auront 21 ans; ou lors de leur mariage s'ils se marient avant d'avoir atteint leur majorité.

Émancipation.

104. Un enfant reste-t-il toujours en tutelle jusqu'à sa majorité accomplie?

Il cesse d'être en tutelle si on l'**émancipe**. Comme mineur émancipé il administre ses biens, mais il ne peut faire seul des actes plus importants que ceux qui sont appelés de « simple administration; » il ne peut par exemple vendre ses biens, emprunter de l'argent en donnant hypothèque* sur eux, faire des baux* de plus de neuf ans, etc.

VIII. — Protection des enfants. — Instruction obligatoire.

Carnet de nourrice.

105. Geneviève veut prendre un nourrisson. Quelles démarches doit-elle faire?

Elle va trouver le maire de Combefleurie et lui demande un **certificat** qui contiendra les indications suivantes :

1° Nom, prénoms, signalement, domicile et profession de Geneviève, date et lieu de sa naissance;

2° Son état civil, les nom, prénoms et profession de son mari. Le consentement de ce dernier;

3° La date de la naissance du dernier enfant de Geneviève et s'il est vivant;

4° Des renseignements sur la conduite et les ressources de Geneviève, la salubrité* et la propreté de sa maison, l'existence chez elle d'un garde-feu* et d'un berceau, etc., etc.

Ce certificat est écrit sur le **carnet de nourrice** que le maire remet à Geneviève.

106. Est-ce tout?

Non, il faut encore à Geneviève un certificat de médecin constatant qu'elle est bien portante et vaccinée.

107. L'enfant arrivé chez Geneviève, qu'a-t-elle à faire?

Elle *déclare à la mairie* de sa commune l'arrivée du nourrisson et remet un bulletin contenant un extrait de l'acte de naissance de l'enfant. Si l'enfant venait à mourir ou à être retiré par ses parents, *elle en ferait également la déclaration* à la mairie.

108. Quel est le but de toutes ces formalités?

Le but de ces formalités est de **protéger** l'enfant, qui est placé sous *la surveillance de l'autorité publique*.

Inspection des enfants en nourrice.

109. Comment s'exerce cette surveillance?

Par les visites d'un médecin inspecteur, du maire ou des personnes déléguées par lui.

110. Geneviève peut-elle se refuser à recevoir ces visites?

Non, elle doit les recevoir sous peine d'une amende de 5 à 15 francs. Le médecin inscrit ses observations sur le carnet de nourrice après sa visite. Il donne à Geneviève les instructions pour les précautions à prendre dans l'intérêt de la santé et de la vie de l'enfant.

111. Quelles sont les plus essentielles de ces instructions?

1° Tenir le nourrisson avec la plus grande propreté;

2° Ne pas le coucher avec soi dans son lit;

3° Ne pas laisser s'approcher du berceau des animaux tels que chiens, chats, porcs, etc;

4° Mettre le berceau à l'abri du jour.

112. Faute de ces précautions, quel risque courrait la nourrice si l'enfant venait à mourir?

La nourrice pourrait être poursuivie pour **homicide * par imprudence** et condamnée à la prison et à une amende de 50 à 600 francs.

Loi sur l'obligation de l'instruction primaire.

113. Les enfants de Geneviève sont en âge de fréquenter l'école. Est-elle obligée de les y envoyer?

Oui, *l'instruction est obligatoire en France* Les enfants de 6 à 13 ans doivent fréquenter une école publique ou libre, ou recevoir l'instruction primaire dans la maison de leurs parents.

114. Comment s'assure-t-on que l'enfant ne fréquentant aucune école reçoit l'instruction dans la famille?

En lui faisant passer un examen.

115. Richard, un voisin de Jean et de Geneviève, néglige d'envoyer ses enfants à l'école et ne les fait pas instruire chez lui; à quoi s'expose-t-il?

A être mandé devant la **commission scolaire** qui lui donnera d'abord des avertissements et pourra le faire condamner ensuite, s'il persiste à enfreindre la loi, à l'amende et même à la prison.

Travail des enfants et des filles mineures dans les manufactures.

116. Geneviève a une fille de dix ans et quelques mois, Rosine, qu'elle voudrait envoyer travailler dans une fabrique. La loi le lui permet-elle?

La loi dit : pour être admis dans un atelier, il faut avoir au moins l'âge de *douze ans révolus*.

117. La loi n'admet-elle aucune exception?

La loi autorise l'emploi des enfants âgés de *dix ans révolus* dans les industries suivantes : dévidage des cocons, filature de bourre * de soie, filature de coton, filature de laine, filature de lin, filature de soie, impression à la main des tissus, moulinage* de la soie, papeterie (à l'exception du triage des chiffons), retordage du coton, fabrication mécanique des tulles et dentelles, verrerie.

Il y a précisément un moulinage de soie à Combe-fleurie : la petite Rosine ne pourra y entrer sans certaines conditions.

118. Quelles sont ces conditions?

1° La petite Rosine ne travaillera que 6 heures par jour coupées par un temps de repos;

2° Elle **fréquentera l'école** pendant le reste de la journée; elle sera munie d'un petit carnet qui recevra chaque semaine la signature de la directrice de son école et qui restera entre les mains du patron.

119. La sœur aînée de Rosine, Louise, qui a plus de douze ans et moins de vingt et un, est aussi employée dans une usine. Combien d'heures de travail peut-elle y faire?

12 heures, coupées par un temps de repos.

Travail de nuit. — Travail des dimanches.

120. Peut-elle être employée à un travail de nuit?

Non, *le travail de nuit est interdit aux filles mineures*.

121. Qu'est-ce qui est désigné dans la loi par les mots « travail de nuit »?

On appelle *travail de nuit* tout travail fait entre 9 heures du soir et 5 heures du matin.

122. Louise peut-elle travailler à l'usine les *dimanches et jours de fêtes?*

Non, le travail des dimanches et jours de fêtes est également interdit aux filles mineures.

123. Si Louise, qui est entrée à douze ans révolus à l'usine, n'avait pas reçu jusqu'alors l'instruction primaire, aurait-elle pu travailler douze heures par jour?

Non, la loi exige que les enfants âgés de 12 ans révolus, qui n'ont pas le certificat d'études primaires, ne travaillent que 6 heures par jour.

124. Louise et Rosine pourraient-elles travailler dans une mine comme leur frère Victor?

Non, *le travail dans les souterrains est interdit aux filles.*

La loi leur interdit aussi, comme aux garçons du reste, le travail dans les industries dites **insalubres** ou **dangereuses**.

125. La loi donne-t-elle aux patrons le droit de surveiller la conduite de leurs ouvrières?

La loi enjoint* aux patrons de veiller à la bonne conduite de leurs ouvrières et de *maintenir le bon ordre dans les ateliers.*

IX. — Prévoyance. — Assistance

Caisses d'épargne.

126. Quel est le but des caisses d'épargne?

La **caisse d'épargne** reçoit les sommes d'argent *depuis un franc jusqu'à deux mille.* En échange de l'agent déposé, elle délivre un **livret**, et elle sert une rente de 3 fr. 50 pour 100 environ.

Caisses d'épargne scolaires.

127. Où trouve-t-on des caisses d'épargne?

On trouve des caisses d'épargne dans les mairies

des principales communes et dans tous les bureaux de poste.

128. Qu'appelle-t-on caisses d'épargne scolaires?

Dans les **caisses d'épargne scolaires**, tenues par l'instituteur ou l'institutrice, les élèves d'une école peuvent déposer *sou* par *sou* leurs petites économies. Quand la somme dépasse *un franc*, l'instituteur la dépose à la caisse d'épargne et fait délivrer un livret au déposant.

Il y a d'autres placements que ceux de la Caisse d'épargne.

On peut prêter de l'argent à quelqu'un, moyennant un intérêt de 5 0/0 en prenant un champ ou une maison en garantie *(placement sur hypothèques).*

Lorsque l'État a besoin d'argent, il fait un emprunt pour lequel il donne un intérêt d'environ 4 0/0. (C'est ce qu'on appelle la *Rente*). — On peut aussi acheter des *Obligations* du Crédit foncier, des grandes Compagnies de Chemins de fer, etc.

Monts-de-piété.

129. Qu'est-ce que les monts-de-piété?

Les **monts-de-piété** sont des établissements qui font un prêt en argent aux personnes qui déposent en garantie un objet qui leur appartient, meuble, vêtement, bijou, etc. On remet au déposant une *reconnaissance* qu'il doit présenter pour retirer l'objet mis en gage lorsqu'il opère le remboursement de la somme empruntée; il acquitte en outre une redevance pour les frais de service.

Sociétés de secours mutuels.

130. Qu'est-ce que les sociétés de secours mutuels?

Les **sociétés de secours mutuels** sont des associations dont les membres mettent en commun quelque argent pour se prêter aide les uns aux autres, particulièrement en cas de maladie.

131. Par qui est fixé le taux de la cotisation mensuelle ?

Le taux de la *cotisation mensuelle* est fixé par les associés au moment de la fondation.

132. A quoi servent les sociétés de secours mutuels ?

Elles servent :

1° A payer les *visites du médecin* et les *médicaments* ;

2° A donner chaque jour, pendant la durée de la maladie, une somme équivalant à peu près au salaire gagné en état de santé ;

3° A faire les frais des funérailles.

133. Quels avantages présentent les sociétés de secours mutuels ?

Les sociétés de secours mutuels sont une excellente chose qui épargne souvent à ceux qui en font partie le recours à la charité publique.

Hôpitaux. — Hospices.

134. A quoi servent les hôpitaux ?

Les **hôpitaux** sont des établissements où les malades sont reçus et traités soit gratuitement, soit moyennant une rétribution.

135. A quoi sont destinés les hospices ?

Les **hospices** sont spécialement destinés aux vieillards, aux invalides, aux incurables*.

136. Les hôpitaux et les hospices sont-ils bien tenus ?

Les *hôpitaux* et les *hospices* sont en général très bien tenus ; les salles sont propres et bien aérées ; le linge des malades est changé fréquemment ; la nourriture est suffisante.

137. Par qui les soins sont-ils donnés ?

Les soins sont donnés par les meilleurs médecins et chirurgiens qui tiennent à honneur, particulièrement à Paris, de faire partie du service de ces maisons hospitalières.

138. Quelle est la proportion de la mortalité?

La mortalité dans les hôpitaux n'est à Paris que d'un malade sur dix.

Malgré tout, les familles redoutent toujours de remettre un des leurs entre les mains d'étrangers, si dévoués et si éclairés qu'ils soient. Toutefois la raison commande le transport à l'hôpital dans certains cas : maladie contagieuse, opération grave.

139. Sans entrer à l'hôpital, ne peut-on pas aller consulter les médecins des hôpitaux?

Des consultations gratuites sont données à des heures déterminées par les médecins des hôpitaux aux personnes du dehors; on est admis à ces consultations sur la présentation d'une carte que l'on demande à l'entrée.

X. — Économie politique.

L'échange.

140. Chacun de nous peut-il récolter ou fabriquer toutes les choses nécessaires à sa vie?

Non. Nous nous procurons par **l'échange** une grande partie des choses dont nous nous servons.

141. Donnez un exemple.

Mme Martel, propriétaire à la campagne, a porté ce matin à la ville du beurre, des œufs, des fromages. Elle a **vendu** tout cela et elle a **acheté** des objets qu'elle ne peut pas fabriquer elle-même : une bonne paire de souliers, une terrine pour tenir le lait, etc.

142. Mme Martel a t-elle gagné à agir ainsi?

Certainement; Mme Martel avait trop de beurre, trop d'œufs, trop de fromages pour elle et sa famille; elle est satisfaite d'avoir vendu ces choses pour en acheter d'autres dont elle avait besoin.

143. Qui est-ce qui a encore gagné à cet échange ?

Les marchands de la ville, qui avaient besoin des provisions de Mme Martel et qui sont satisfaits de les avoir en échange de ce qu'ils vendent.

144. Que pensez-vous alors de cet échange ?

Cet échange est un des plus grands avantages qu'il y a à vivre en société.

Mme Martel aurait été incapable de fabriquer une paire de souliers. Le cordonnier, de son côté, serait assez embarrassé pour soigner les vaches, pour les traire et pour battre le beurre. Chacun des deux, en faisant un seul métier, le fait mieux, et il y a *profit pour tous les deux* à échanger les produits de leur travail.

L'argent.

145. Mme Martel a-t-elle *directement* échangé du beurre et des œufs contre une paire de souliers et une terrine à lait ?

Non. Elle a reçu de **l'argent** en vendant sa marchandise ; cet argent lui a servi à **payer** ses achats.

146. Que représente donc l'argent ?

L'argent représente la **valeur des choses**.

Le prix des choses.

147. Mme Martel a payé sa terrine à lait dix sous. Aurait-elle donné autant des quelques poignées d'argile qui ont servi à la fabriquer si elle les avait trouvées dans un champ ?

Non, car ces quelques poignées d'argile n'auraient pu lui servir à rien. Mais, façonnée par la main du potier et cuite dans son four, l'argile a pris de la **valeur** puisqu'elle s'est transformée en un objet utile.

Le travail *ajoute de la valeur aux choses* en les rendant plus propres à nous être utiles.

148. Pourquoi le prix de la terrine à lait de Mme Martel n'est-il pas élevé?

1° Parce que l'argile n'est pas une matière coûteuse; 2° parce que le potier n'a pas mis beaucoup de temps à fabriquer la terrine. Le **prix** des objets varie suivant la valeur de la **matière première** et suivant la **main d'œuvre**, c'est-à-dire le travail exigé par leur fabrication.

149. Les prix ne dépendent-ils pas encore d'autre chose?

Ils dépendent aussi de ce qu'on appelle *l'offre et la demande*.

150. Donnez un exemple de ce qu'on entend par ces mots.

Il y avait l'autre jour sur le champ de foire de Saint-Michel-le-Haut beaucoup de sacs de blé et peu d'acheteurs; on **offrait** beaucoup de marchandise et on en **demandait** peu : les blés se sont vendus *bon marché*.

Mais, depuis, on a reçu de mauvaises nouvelles de la récolte des blés dans les départements voisins. Au dernier marché de Saint-Michel, des meuniers sont venus de loin acheter des grains; autour de chaque sac, il y avait bien cinq ou six acheteurs : le blé s'est vendu **cher**.

La concurrence.

151. D'après cela, quelle doit être sur les prix l'influence de la concurrence?

La **concurrence** abaisse les prix.

152. A qui la concurrence profite-t-elle?

A celui qui achète.

153. Nuit-elle à l'ouvrier qui produit?

Non, car cet ouvrier est toujours acheteur en même temps que producteur.

154. Donnez un exemple.

Le voiturier Guillaume se plaint que Jean-Paul lui fasse concurrence en établissant un service de voiture entre Noisy et Clérieu. Une fois sur ce chapitre, il ne tarit* pas en récriminations* amères. — Où achetez-vous vos harnais, Guillaume? lui dit un jour un voyageur pour détourner la conversation.

— A Clérieu, parbleu! Il n'y a qu'un seul bourrelier à Noisy; il en profite pour faire payer cher ses brides et ses colliers. Tandis qu'à Clérieu, où ils sont quatre, on a les harnais à bien meilleur compte et mieux faits encore!

Ami Guillaume, vous y voilà pris à dire du bien de la concurrence dont vous profitez tout comme un autre.

155. La concurrence ne profite-t-elle pas aussi d'une autre façon à l'ouvrier?

Elle le stimule au travail; elle l'excite à se perfectionner sans cesse pour lutter avec avantage contre ses concurrents.

Le salaire.

156. Le prix du travail ou *salaire* est-il *égal* pour toute espèce de travail?

Non, car plus le travail est *difficile*, plus il est payé.

157. La journée d'Emma, laveuse de lessive, vaut-elle autant que celle de Zélia, ouvrière fleuriste?

La journée d'Emma ne vaut pas celle de Zélia, qui a passé *dix-huit mois en apprentissage* avant de faire la première fleur qu'on lui a payée.

158. Pourquoi le Dr Thuilier gagne-t-il autant en faisant à un malade une visite d'une demi-heure que Zélia en travaillant onze heures par jour?

Parce que l'apprentissage du Dr Thuilier a été encore plus long que celui de Zélia; il a duré *huit ou* dix ans, sans compter les années de collège. On paye par le salaire non seulement l'ouvrage exécuté, mais encore le travail qu'il a fallu faire pour s'y préparer. Il est donc **juste** que les salaires d'Emma, de Zélia et du Dr Thuilier soient *différents*.

L'épargne. — Le capital. — La propriété.

159. Mme Martel n'a pas dépensé tout l'argent qu'elle a reçu à la ville ; comment appelez-vous l'argent qu'elle *met de côté* ?

L'argent mis de côté par Mme Martel constitue son **épargne**.

160. Que constituent à la longue de petites épargnes ajoutées les unes aux autres ?

De petites épargnes ajoutées les unes aux autres finissent par en faire une grosse, par former un **capital**.

161. Sylvain, l'ouvrier cordonnier qui a eu du travail parce que Mme Martel a eu besoin de souliers, met aussi en réserve quelques sous chaque jour sur la journée payée par son patron. Pourra-t-il avoir, avec le temps, un capital ?

Sylvain pourra un jour posséder un capital.

162. S'il achète avec ce capital un petit *fonds de terre*, sur lequel il fera bâtir une maisonnette, quelle sorte de propriété aura-t-il ?

Il aura une propriété **foncière** ou immobilière.

163. Comment appelle-t-on la propriété qui ne consiste pas en terres ou en bâtiments ?

On appelle cette propriété **mobilière** parce qu'elle est *mobile* et que l'on peut la transporter d'un endroit à un autre. Ainsi, Mme Martel qui a acheté avec son épargne des rentes sur l'État, peut emporter partout avec elle les titres qui constituent une propriété mobilière.

164. Quel service leur épargne rendra-t-elle à Sylvain et à Mme Martel dans l'avenir ?

Sylvain, devenu vieux et incapable de travailler,

habitera sa maisonnette et récoltera sur sa terre de quoi subsister. Mᵐᵉ Martel tirera de son épargne ce qu'il faudra pour payer ses dépenses quand elle n'aura plus la force de traire les vaches et de battre le beurre.

Par ce moyen, *l'un et l'autre vivront encore de leur travail*, du travail qu'ils auront fait étant jeunes.

165. Quels sont les avantages de l'épargne?

L'épargne, qui enrichit celui qui l'amasse, l'empêche d'être à la charge de la société dans sa vieillesse; *elle enrichit donc du même coup la société tout entière.*

LEXIQUE

[Ce lexique ne contient que les mots marqués d'un astérisque (*) dans le cours de l'ouvrage, et ne donne que le sens dans lequel ils sont employés.]

Acte. Convention entre deux personnes ou davantage pour une vente, un partage, etc. — Écrit qui constate cette convention.

Acte notarié. Acte rédigé par un notaire et signé en sa présence par les parties intéressées. Quand ces dernières rédigent et signent l'acte sans le concours d'un notaire, l'acte est dit *sous seing privé*.

Affairé, très occupé, qui a beaucoup d'affaires.

Affubler. Habiller d'une façon ridicule.

Aguesseau (chancelier d'). Magistrat très éclairé et très honnête qui fut ministre de la justice (chancelier) au XVIIIe siècle.

Ahuri, très étonné, troublé.

Alcool camphré, liquide transparent et incolore, consistant en esprit-de-vin dans lequel on a fait dissoudre du camphre.

Alerte, vif, rapide dans ses mouvements.

Aliment. Tout ce qui nourrit.

Alimentaire. (Voir *Pension*.)

Alliés. Personnes avec lesquelles nous n'avons pas de parenté, mais qui nous sont alliées par mariage.

Ambassadeur. Envoyé d'un pays auprès d'une autre puissance.

Angine. Maladie de la gorge.

Anxiété. Inquiétude pendant l'attente.

Approprier (s'), prendre pour soi, voler.

Argan. Nom du malade imaginaire dans la comédie de Molière.

Arnica (teinture d'). Liquide transparent, brun-clair, obtenu en faisant infuser les feuilles d'une plante qui croît sur les montagnes. La teinture d'arnica est un *vulnéraire*, c'est-à-dire un médicament qui s'applique sur les blessures.

Artistique. Fait par un artiste, digne d'un artiste.

Aspergère. Partie de champ ou de jardin planté d'asperges.

Assainissement. Action de rendre plus sain.

Astreindre (s'). Se forcer volontairement à une chose.

Atours. Objets de parure, ornements.

Atre. Pierre du foyer, partie de la cheminée où l'on fait du feu.

Avilir. Rendre vil, bas, dégrader.

Avisé. Qui agit avec intelligence.

Avorter. Cesser de se développer.

Bail. Contrat par lequel on loue pour un temps plus ou moins long une terre, une maison, etc.

Bain-marie. Bain d'eau bouillante dans lequel on plonge le vase — bouteille, tasse, casserole, etc. — contenant ce que l'on veut chauffer.

Balance. Comparaison entre les recettes et les dépenses.

Balle d'avoine. Enveloppe des grains dans l'épi de l'avoine.

Benzine. Liquide extrait de la houille et qui sert à enlever les taches sur les toffes.

Bismuth. Poudre blanche sans odeur qui est en grande partie composée du métal de ce nom.

Bourbier. Amas de boue.

Bourre de soie. Soie de qualité inférieure qu'on enlève aux écheveaux de soie filée.

Brassière. Petit vêtement couvrant le haut du corps et les bras.

Brocart. Riche étoffe de soie à fleurs, mêlée d'or et d'argent.

Bronchite. Maladie des canaux de la respiration ou *bronches*.

Budget. Compte, fait par avance, des recettes et des dépenses d'un mois, d'une année, etc.

Camomille. Petite fleur jaune pâle, de la famille des composées, qui donne une infusion amère.

Caractère. Force de volonté, énergie pour prendre une résolution et y persister.

Carnet. Livret.

Cataplasme. Emplâtre fait avec de la farine (amidon, farine de lin, fécule, etc.) que l'on délaie dans l'eau bouillante et que l'on étend en couche plus ou moins épaisse entre deux linges.

Chagrin, chagrine. Triste, sombre, porté à voir en tout le mauvais côté des choses et des gens.

Client. Acheteur. Malade, en parlant d'un médecin.

Clientèle. Clientèle d'un commerçant : tous ceux qui achètent chez lui. Clientèle d'un médecin : tous ceux qui se font soigner par lui.

Colifichet. Petit objet de fantaisie sans aucune utilité.

Combustible. Bois, charbon, tout ce qui peut être brûlé.

Comices agricoles. Réunions où l'on s'occupe des intérêts de l'agriculture.

Compatissant. Qui prend pitié, qui est ému des souffrances dont il est témoin.

Comprimer. Serrer, presser.

Conclure. Achever, terminer.

Concours régionaux. Exposition par les agriculteurs d'une région (plusieurs départements) d'animaux, d'instruments agricoles, de denrées, suivie d'une distribution de récompenses.

Concurrence. Rivalité entre les personnes *courant au même but*, exerçant la même profession ou se livrant à la même branche de commerce.

Conférence. Sorte de leçon, discours familier prononcé devant une réunion de personnes venues librement pour s'instruire ou se distraire.

Conférencier. Celui qui fait une conférence.

Conjurer. Conjurer un danger, un malheur : l'écarter, l'éloigner, l'empêcher avant qu'il n'ait eu le temps de se produire.

Constance. Qualité qui consiste à n'être pas changeant.

Contributions. Impôts, impositions.

Contusion. Blessure n'entamant pas la peau et provenant soit d'une chute, soit de coups donnés avec des objets non tranchants et non pointus, tels qu'une pierre, un bâton.

Convalescence. État d'une personne

qui n'est plus malade, mais qui n'a pas encore recouvré toutes ses forces.

Convalescent. Qui relève de maladie.
Convulsions. Maladie violente qui se déclare quelquefois brusquement pendant la dentition et dont les principaux symptômes sont : les mouvements désordonnés de l'enfant, la respiration bruyante, enfin la perte de connaissance.
Coupé. Voiture fermée à deux places.
Créances. Sommes dues.
Crédit. Vendre à crédit, sans faire payer comptant.
Cristal. Verre incolore, très transparent, plus pesant que le verre ordinaire et dans la composition duquel il entre du plomb.
Croupissant. Qui ne se renouvelle pas, qui ne court pas.
Datte. Fruit très sucré du palmier-dattier, arbre d'Afrique.
Débiter. Ici, dire, raconter.
Décimer. Mot à mot : enlever un habitant sur dix ; faire périr beaucoup de monde.
Déconcerté. Attrapé, troublé, embarrassé.
Déconfit. Désappointé, déçu.
Dédaigneusement. D'un air de dédain, de mépris.
Déférence. Disposition à écouter respectueusement et à suivre les avis de ceux qui nous sont supérieurs.
Défricher. Travailler pour l'ensemencer ou la planter une terre jusqu'alors inculte.
Démodé. Passé de mode.
Dénonciation. Révélation des fautes des autres à ceux qui peuvent les punir.
Dentition. Moment où les dents poussent chez le petit enfant.
Dépit. Chagrin mêlé de colère que l'on ressent principalement quand on ne réussit pas.
Dépourvu. Pris au dépourvu : surpris au moment où l'on n'est pas pourvu de ce qu'il faudrait.
Dérider (se). Se mettre à rire, prendre un air joyeux qui efface les rides du visage.
Dévidage des cocons. Opération qui consiste à mettre sur des bobines la soie sortie de la filature en écheveaux.
Devis. Calcul fait par avance de ce que coûtera une construction.
Diarrhée. Flux de ventre.
Diligence. Rapidité dans tout ce que l'on fait.
Divulguer. Découvrir, raconter une chose à ceux qui devraient l'ignorer.
Domaine. Propriété consistant en terres.
Dot. Argent ou biens donnés à une fille par ses parents au moment de son mariage.
Dorénavant. A partir de ce moment.
Douleurs. Rhumatismes. (Voir ce mot.)
Droits politiques. Droits de vote, etc.
Dysenterie. Maladie des intestins dans laquelle les selles contiennent du sang.
Eau blanche. Liquide contenant un sel de plomb.
Eaux ménagères. Toutes les eaux dont on s'est servi pour les divers usages du ménage.
Ébahi, très surpris, qui reste la bouche ouverte d'étonnement.
Ébahissement. Grand étonnement.
Effronté, hardi, sans modestie.
Égoïste. Qui ne pense qu'à soi, qui ne vit que pour soi.
Égouttoir. Planche à claire-voie où l'on place la vaisselle après l'avoir lavée pour laisser l'eau s'égoutter.

Élévation. Dessin représentant la façade de la maison telle que l'architecte se propose de l'élever.
Élixir. Mélange d'un sirop et d'alcool dans lequel on a fait infuser certaines plantes.
Émétique. Sel blanc, composé de substances métalliques, qui a la propriété de faire vomir.
Énerver. Fatiguer, enlever les forces.
Enfreindre. Enfreindre une loi, une règle, une défense : lui désobéir.
Enjoindre. Commander, ordonner.
Enregistrement. Inscriptions sur les registres d'une administration chargée de conserver certains actes. Administration de l'enregistrement et des domaines.
Entremets. Petit plat, ordinairement sucré, qu'on sert avant le dessert.
Énumérer. Nommer à la suite les unes des autres un certain nombre de choses.
Épidémie. Toute maladie qui se déclare à la fois dans une contrée chez un grand nombre de personnes.
Équilibrer. Faire que les dépenses ne dépassent pas les recettes, que les unes fassent équilibre aux autres.
Escompte. Remise faite à celui qui paye comptant.
Exceller. Faire le mieux qu'il est possible, d'une façon excellente.
Exécrable. Très mauvais.
Exécuter (s'). Se décider à faire une chose dont on n'a pas envie.
Exhorter. Engager.
Externe. Extérieur.
Falsifier. Rendre *faux* par le mélange de choses étrangères.
Fanfreluches. Objets de toilette qui ont de l'apparence et aucune valeur, et qui donnent mauvaise opinion du jugement et du goût de celles qui les portent.
Fée. Être imaginaire, qui n'existe pas, et auquel on attribue le pouvoir de faire des choses extraordinaires avec sa baguette.
Fétide. Qui a une odeur très désagréable.
Fermage. Somme d'argent payée chaque année au propriétaire d'une terre par celui qui la loue.
Frictionner. Frotter avec la main nue ou recouverte d'un linge ou d'une flanelle pour sécher complètement, pour ramener la chaleur, ou pour calmer une douleur.
Frivolité. Goût fâcheux pour les choses qui ne servent à rien, pour les occupations inutiles, les conversations insignifiantes, etc.
Funeste. Mauvais, dangereux.
Galetas. Pièce ordinairement basse sous le toit d'une maison.
Garde-feu. Grille dont on entoure le foyer pour empêcher les enfants de s'en approcher.
Gargarisme. Liquide qui sert à se *gargariser*, à se laver la gorge en promenant et agitant l'eau dans la bouche, la tête un peu renversée en arrière.
Gaspiller. Employer, dépenser sans profit, ne pas tirer parti des choses par insouciance et par négligence.
Génie. Petit être imaginaire — qu'on imagine, qui n'existe pas réellement — auquel on attribue une puissance merveilleuse pour le bien ou pour le mal.
Glycérine phéniquée. Liquide transparent, d'un aspect huileux, auquel on a mélangé de l'acide phénique.
Gourmander. Gronder.

Gousse. Enveloppe verte des graines dans les plantes de la famille des légumineuses.

Greffe. Salle du tribunal où sont conservés tous les écrits, tous les papiers.

Grésillement. Bruit semblable à celui que fait le grésil.

Grief. Sujet de plaintes.

Grumeaux. Noyaux, grains à demi-solides, qui restent dans une pâte, dans une sauce, si elle n'a pas été bien délayée.

Guimauve. Plante dont les feuilles, les fleurs, la racine sont utilisées en médecine pour ramollir les tissus.

Haillon. Vieux morceau d'étoffe.

Havresac. Sorte de grande sacoche dans laquelle les ouvriers portent leurs outils et quelquefois leurs provisions de bouche.

Hémorragie. Écoulement abondant du sang.

Hivernage. Action de passer l'hiver.

Homicide. Action qui consiste à donner la mort à son semblable, volontairement ou non. La loi punit l'homicide volontaire sous le nom de *meurtre*; l'homicide involontaire est aussi puni quelquefois comme *homicide par imprudence*.

Humeur (égalité d'). Qualité qui consiste à être toujours bien disposé, à ne pas changer brusquement de manière d'être, à n'être point sujet à l'impatience, à la colère.

Hygiéniste. Celui qui connaît l'hygiène, qui en fait une étude spéciale.

Hypothèque. Droit que l'on donne sur ses biens immeubles (voir p. 206) à une personne qui vous prête de l'argent. Ce droit, qui est la garantie de la dette, est prouvé par l'inscription au *bureau des hypothèques*.

Incessant. Qui ne cesse pas, continuel.

Incurable. Qui ne peut pas être guéri.

Infect. Qui répand une odeur mauvaise et malfaisante.

Infusion. Boisson que l'on prépare en faisant *infuser*, tremper dans l'eau bouillante des feuilles ou des fleurs ayant une vertu médicinale.

Ingrédients. Choses diverses qui entrent dans la composition d'un mets, d'une boisson, d'un médicament. — Le vinaigre est un des principaux ingrédients de la sauce piquante. La limonade se compose de divers ingrédients (sucre, jus de citron, eau).

Irritation. En ce sens, colère.

Intermédiaires. Personnes qui achètent aux fabricants et revendent aux marchands de détail. Ces derniers sont naturellement obligés de payer les bénéfices de l'intermédiaire et achètent par conséquent plus cher que s'ils s'adressaient directement au fabricant.

Interrogatoire. Suite de questions qu'on adresse à quelqu'un pour savoir la vérité sur un point.

Intérieur. Ici, la maison, le foyer domestique, le cercle de famille.

Juge. Celui qui rend la justice.

Jujube. Petit fruit rouge un peu allongé de la grandeur d'une cerise de belle espèce, qui croît sur un arbre des pays chauds.

Laudanum. Liqueur brune composée principalement d'opium. Poison dangereux.

Laverie. Petite pièce près de la cuisine, où l'on lave la vaisselle.

Libérer (se). Payer ses dettes.

Lichen. Plante des pays froids qui a des propriétés adoucissantes. Le lichen de nos pays n'est pas employé en pharmacie.

Liniment. Médicament qu'on emploie à l'extérieur en applications ou en frictions.

Loucher. Avoir un œil qui regarde de travers, de côté.

Luxation. Déplacement des extrémités des os dans une articulation.

Malingre. Faible, mal venu.

Malveillant. Qui voit le mal.

Manuel. Qui se fait avec la main.

Masure. Petite maison mal construite.

Maraîcher. Jardinier qui cultive spécialement des légumes.

Mendicité. Action de passer son temps à mendier au lieu de travailler.

Météorisé. L'estomac et les intestins gonflés par les gaz qui se développent pendant la digestion de la luzerne fraîche.

Mijoter. Cuire lentement.

Minutieux. Qui exige beaucoup d'attention et prend du temps.

Mioche. Mot familier pour enfant.

Modiste. Qui fait des « modes », des chapeaux, des coiffures.

Mollement. Ici, sans ardeur, sans activité, à regret.

Molleton. Tissu de laine épais et souple.

Morue (huile de foie de). Médicament que l'on donne aux enfants faibles.

Moulinage. Fabrique où l'on fait subir à la soie filée des opérations qui la préparent à être tissée.

Muscles. Organes du mouvement.

Mutation. Changement, passage d'une propriété entre des mains nouvelles.

Mystérieusement. Avec l'air de quelqu'un qui a un secret, qui veut faire une surprise.

Négociations. Entretiens ou correspondance en vue de conclure une affaire.

Niaisement. Sottement.

Nonchalamment. Paresseusement, d'un air de mollesse et de fainéantise.

Notaire. Le notaire reçoit et rédige les actes de vente, de partage, les testaments, etc.

Nuisible. Qui fait du mal.

Obstruer. Boucher.

Ordinaire. La manière dont on se nourrit habituellement, ordinairement.

Organisme. L'ensemble de tous les organes dont notre corps est formé.

Orientation. Position d'une maison par rapport à l'*orient* ou est, et par conséquent aux autres points cardinaux.

Panser. En ce sens; étriller un cheval, lui faire sa toilette.

Pâquerette. Petite fleur de la famille des composées, qui s'épanouit dans les prés aux environs de Pâques.

Pension alimentaire. Somme d'argent que les enfants sont obligés, d'après la loi, de servir chaque année à leurs parents dans le besoin pour leur entretien.

Percepteur. Fonctionnaire qui reçoit, qui *perçoit* les impôts.

Persévérant. Qui ne se décourage pas, qui poursuit la chose entreprise malgré les difficultés.

Phtisie. Maladie grave des poumons.

Plan. Dessin d'un bâtiment représentant sa distribution intérieure.

Pleurésie. Maladie des enveloppes des poumons ou *plèvres*.

Ponctualité. Exactitude, habitude de faire de *point en point* les choses indiquées.

Ponctuellement. Avec ponctualité.

Potelé. Gras et arrondi.

Poupon. Petit enfant.

Pratique. Qui tient aux choses utiles et se soucie peu des autres.

Préalable. S'applique aux choses qui doivent en précéder et en préparer une autre. Avant de coudre une robe, il y a un travail *préalable* à faire : la couper, la bâtir, l'essayer.

Préau. Salle ou cour en partie couverte où les élèves d'une école prennent leurs récréations.

Prestement. Vite, avec vivacité et promptitude.

Prévenant, e. Qui prévient les désirs des autres, qui cherche à les satisfaire avant même qu'ils soient exprimés.

Prévoyance. Qualité qui consiste à prévoir les choses, à songer à l'avenir.

Primeurs. Fruits et légumes précoces.

Probité. Honnêteté.

Purée. Bouillie faite avec des pois, pommes de terre ou autres légumes.

Questions d'intérêt. Affaires d'argent.

Quinquina (Vin de). Vin fortifiant que l'on prépare avec l'écorce d'un arbre de l'Amérique du Sud.

Raisiné. Confiture faite avec du moût de raisin.

Rassasier. Satisfaire la faim.

Rebouteur ou rebouteux. Charlatan qui a la prétention de *remettre* les membres cassés ou foulés. (Vieux français : *bouter — mettre*, que l'on retrouve encore dans boute-feu, boute-selle, boute-en-train, etc.)

Rebuter. Décourager par les difficultés, les obstacles.

Rechigner. Montrer de la mauvaise grâce à faire une chose.

Réconforter. Ranimer, rendre des forces et du courage.

Récriminations. Plaintes, reproches.

Répartir. Fixer les parts qui reviennent à chacun.

Repiquer. Transplanter dans des trous creusés au *piquet* des plants de semis.

Réprimander. Reprendre quelqu'un avec autorité.

Restaurer (se). Renouveler ses forces.

Restituer. Rendre ce qui a été pris.

Restreindre. Diminuer.

Revêche. Peu gracieux, d'un abord difficile, désagréable.

Rhubarbe. Poudre brun-clair préparée avec de la racine de rhubarbe et ayant une odeur et une saveur amères.

Rhumatisme. Maladie qui atteint les articulations et les muscles.

Rudoyer. Traiter rudement.

Salubrité. Qualité d'une contrée, d'une habitation saine.

Sarcler. Ôter les mauvaises herbes.

Sarrau. Grand tablier à manches en toile ou en cotonnade.

Savoureux. Qui a du goût, de la saveur.

Scrupuleux. Consciencieux, honnête jusque dans *les plus petites choses*. Chez les Romains, le *scrupule* était le nom de la fraction représentant la 24ᵉ partie d'un entier.

Sevrer. Cesser d'allaiter un enfant.

Sinapisme. Petit emplâtre de farine de moutarde.

Spéculation. Opération qui consiste à courir un certain risque en vue d'obtenir un bénéfice.

Strictement. Étroitement, sans aller au delà de ce qui est absolument nécessaire.

Sublime. Qui excite par sa grandeur, par sa beauté, une admiration profonde et émue.

Subordonnés. Ceux que l'on a sous ses ordres.

Substance. Chose, matière. Le pain se compose de plusieurs substances : eau, sel, farine, etc.

Succession. Biens qu'une personne laisse en mourant.

Superflu. Ce qui n'est pas indispensable, ce dont on peut se passer.

Tablée. Tous ceux qui s'asseoient autour de la table.

Talus. Surface en pente d'une chaussée, d'une digue, etc.

Tarir. Cesser de couler.

Taudis. Habitation sale et misérable.

Ténacité. Persistance dans les efforts que l'on fait.

Testateur. Celui qui fait un testament.

Timbré (papier). Papier portant le sceau de l'État et que seul il a le droit de vendre.

Tracasser. Tourmenter, harceler à propos de détails sans importance.

Trahir. Tromper.

Transformé. Complètement changé.

Trousser. Relever et fixer les membres d'une volaille avant de la faire cuire.

Tumeur. Grosseur due à une maladie.

Typhoïde (fièvre). Maladie grave et contagieuse dont le siège principal est dans les intestins.

Ustensile. Casserole, plat, poêle, etc., servant à faire la cuisine.

Vacillant. Tremblant, chancelant.

Variole. Maladie grave et contagieuse dans laquelle la peau se couvre de gros boutons.

Vicié. Corrompu, devenu impropre à la vie.

Vigilance. Qualité qui consiste à veiller avec soin sur une personne ou une chose.

Vigueur. Force pour agir.

Vol domestique. Vol commis au préjudice de ceux dont on partage l'habitation, la maison.

Voleter. Voler d'ici et de là sans s'élever beaucoup.

Volontaire. Qui ne veut faire que sa propre volonté.

TABLE ALPHABÉTIQUE

Abeilles (élève des). . . 86
Abus de confiance. . . . 189
Actes de l'état civil . . . 191
— notariés 196
— respectueux . . . 193
Actif d'un commerçant . 201
Aération. . . . 11, 120, 152
Agrément du logis . . . 53
Agriculture (ministère de l'). 184
Aiguillées de fil. 161
Aiguilles. 161
Alcool (dangers de l'). . 131
Alimentation. . . . 61, 128
— des petits enfants. 97
Aliments complets. . . . 128
— dus aux parents. . 194
Alphabet. 171
Apprentissage 35
Argent. 213
Armée. 186
Arrière-point 160
Asphyxies (soins aux). . 140
Assises (cour d'). 189
Assistance. 200
Bains. . . . . . . 13), 151
Bail. 200
Balayage. 11, 137
Banqueroute. 202
Bas. 172
Basse-cour (soins de la, 69 et s. 87 et s.
Bavardage. 54
Bétail (soins du) 79
Berceau 95
Biberon 100, 136
Biens meubles et immeubles. 194
Bienveillance. 55
Bismuth 137
Boutonnière 160
Brûlure 138
Caisse d'épargne. 121, 209, 210
Canton. 182
Capital. 216
Caractère. 41
Carnet de nourrice. . . 200
Cataplasme. . . . 137, 153
Chambre de malade. . . 115
Chambre des députés. . 184
Choix d'un métier. . . . 31
Code 184
Colonies 180
Communauté (régime de la) 194
Commune. 182
Commerce (ministre du) . 185
Commerçante. . . 66, 200
Compassion 105
Complaisance 7
Complicité 187
Comptes de ménage . . 64
Concordat. 201
Concurrence. . . . 37, 214
Conscience. . . 43, 105, 135
Conseils (bons) . . 16, 74
— (mauvais). . . . 35
Conseil de famille . . . 203

Conseil général. 183
— municipal . . . 182
Constance. 37
Consultations gratuites . 213
Contrats 194
Contraventions 188
Contributions 186
Contusions 138
Convalescence . . 116 et s.
Copie de lettres. 201
Correctionnelle (police) . 189
Coupe . . . . . . 161 et s.
Couture . . . . . 158 et s.
Crimes. 188
Cuisine (propreté de la). 29, 59
— (recettes de). 59 et s.
Déférence 17, 43
Délits 188
Dentition 99, 151
Détenues (jeunes) . . . 190
Dévouement . . . 18, 175
Dignité (souci de sa) . . 30
Discernement. 190
Discrétion. 55
Docilité 16
Domestique (vol). . 42, 190
Domestiques (devoirs des) . . . . 42 et s.
— (devoirs envers les) . . . 73 et s.
Donations. 199
Dotal (régime) 195
Douceur . . . 51, 74, 108
Échange 213
Écolière (devoirs de l') . 5
Économie. . . 29, 39, 50, 65
Économie politique (notions d') 212
Éducation des enfants . . 92
Émancipation 205
Empoisonnement (secours en cas d') 140
Entorse 111
Entretien du linge. . . . 162
Épargne 40, 210
Essayage 168
Exactitude 6, 50, 97
Exercice (influence de l') . 120
Faillite. 201
Fracture 111
Fraudes 202
Finances (ministère des) . 186
Foncière (propriété) . . 216
Fourneau 59
Frères et sœurs (devoirs des) . . . . 19 et s.
Gaieté. 53
Garde-malade 111
Gargarismes 136
Grands-parents (devoirs envers les) 108
Guerre (ministre de la) . 186
Habitation (hygiène de l') . 120 et suiv.
Hémorrhagie. 142
Hôpital. 211
Hospice 211
Hygiène . . . . . 120 et s.
Infusion 137

Inspection des enfants. . 206
Instruction publique . . 183
Inventaire 201
— (livre d') . . . 201
— des biens des mineurs 204
Jardinage. . 71 et s., 88 et s.
Laudanum 137
Laitage (soins du). . 70 et s.
Livres de commerce . . . 200
Luxation. 111
Main d'œuvre 214
Maire 182
Majorité 205
Matières premières. . . 214
Marché 57
Mariage 50
— (acte de . . . 192
— (publications de) . 193
Marque du linge 171
Médicaments (administration des) 145
Médicaments pour l'usage externe. 145
Mensonge. 17
Mesures (manière de prendre des) 161
Ministres 183
Modestie 15
Monts-de-piété 210
Noyés (soins à donner aux) 140
Obéissance . . . 16, 43, 105
— à la loi. 181
Obligatoire (instruction) . 207
Observation (esprit d') . 104
Offre et demande 214
Ordre 10, 53, 161
Orientation de la maison. 121
Ourlet. 158
Parents (devoirs envers les) . . . . 16 et s.
Parents âgés. . . . 107 et s.
Partages 197
Parure (goût excessif pour la) . . . . 13 et s.
Patentes 187
Patrie. 175
Patron de robe d'enfant. 165 et suiv.
— de manche à coude. 168
— de tablier à bavette. 169
— de brassière . . . 169
— de chemise . . . 170
Pauvreté. 41
Pesées des nourrissons. . 98
Point glissé ou coulé. . . 159
Pot-au-feu 59
Postes. 185
Préfets et sous-préfets. . 182
Président de la République. 183
Prestation (journées de) . 187
Prévoyance 39
Probité. 42
Propreté . . . 10, 95, 120
Propriété 216
Prudence. 55
Quotité disponible . . . 197

TABLE DES MA...

Raccommodage	162	Sénat	181	Toilette (soins de)	10
Recel	189	Simplicité	14	— des bébés, 94 et s.	155
Reconnaissance 7, 17,	107	Sobriété	128	Travail (amour du)	38
Remaillage	163	Solidité de la couture	160	— (dignité du)	37
Reprises	163	Soupes (recettes de) 59 et s.		— des enfants dans les manufactures	207
Réputation (soin de la)	15	— des petits enfants	98		
Respect 17, 43,	74	Successions	197	Travail de nuit	208
Rhume	130	Surjet	159	Tribunaux	181
Salaires (inégalité des)	215	Syncope	139	Tricot	172
Sauce blanche	60	Table (bon arrangement de la)	62	Tromperie sur la marchandise	202
— piquante	60				
Scellés	198	Télégraphes	185	Tutelle (comptes de)	205
Secours mutuels (sociétés de)	210	Testaments	196	Tutrice	203
		Tisanes	137	Vanité	13 et s.

TABLE DES MATIÈRES

PREMIÈRE PARTIE

MORALE. — SOINS DU MÉNAGE. — HYGIÈNE. — JARDINAGE. — TRAVAUX MANUELS.

I. — La jeune fille.

I. L'écolière.................. 5
II. La jeune fille à la maison. Son apprentissage de ménagère............. 8
III. L'ordre et la propreté. La toilette................... 10
IV. L'amour de la parure et du plaisir............... 13
V. Vos devoirs envers votre famille.................. 16
Devoirs de rédaction....... 21
Récit. Comment Jeannette apprit son métier.......... 21

II. — Le métier.

I. Choix d'un métier........ 34
II. L'apprentie............... 35
III. Le travail................ 36
IV. La prévoyance, l'économie................... 39
V. La conduite de l'ouvrière. 42
Devoirs de rédaction....... 44
Récit. La promenade du nain Mautravail................ 44

III. — Le ménage.

I. La jeune femme......... 50
II. La tenue de la jeune femme. — Le foyer......... 52
III. La place de la jeune femme..................... 54
IV. La ménagère............ 56
V. Au marché.............. 57
VI. Devant le fourneau..... 59
VII. La table de famille..... 62

VIII. La veillée de la ménagère. — Les comptes.. 64
IX. La ménagère commerçante.................... 66
X. La ménagère à la campagne.................... 68
XI. Les auxiliaires de la maîtresse de maison...... 73
Devoirs de rédaction....... 75
Récit. Les tribulations de Pierre et de Pauline...... 76

IV. — La mère de famille.

I. L'éducation des enfants. 92
II. Le vêtement et le coucher du petit enfant.......... 94
III. L'alimentation du petit enfant.................... 97
IV. Jeux et promenades de petit Jean................ 101
V. La mère institutrice..... 103
VI. Les vieux parents....... 107
Devoirs de rédaction....... 109
Récit. Triste histoire. Une vie manquée................ 110

V. — Hygiène et soins aux malades.

1° *Hygiène*................. 120
I. Comment on conserve la santé.................... 120
II. Se préserver du froid... 122
III. Respirer un bon air.... 126
IV. Se nourrir convenablement.................... 128
V. Il faut être très propre.. 129
VI. Faire de l'exercice...... 130
VII. Dormir suffisamment... 132
VIII. Ne pas faire d'excès.... 133
IX. Vivre en paix et en joie. 135
Devoirs de rédaction....... 136

TABLE DES MATIÈRES.

2° *Hygiène.* — Comment on soigne les malades et les blessés 136
  I. Sans le médecin. — Petits maux et petits accidents. 136
  II. En attendant le médecin. 139
  III. Pendant la visite du médecin. 143
  IV. Après la visite 144
  V. La convalescence . . . 146
  Devoirs de rédaction. . . 148
Récit. Le médecin du bourg d'Ajol 148

VI. — Couture et coupe.

  I. La couture 158
  II. L'entretien des vêtements et du linge. . . 162
  III. La coupe 164
  IV. Travaux divers 171
  Devoirs de rédaction. . . 173
  Conclusion 174
Récit. Les deux voies . . . 176

DEUXIÈME PARTIE
NOTIONS D'INSTRUCTION CIVIQUE ET DE DROIT USUEL

  I. *La loi.* 181
  Les Chambres 181
  II. *L'administration.* . . 182
  Intérieur 182
  Instruction publique. . 183
  Justice 184
  Agriculture. 184
  Commerce et industrie. 185
  Travaux publics. . . . 185
  Postes et télégraphes . 185
  Affaires étrangères . . 185
  Guerre. 186
  Marines et colonies . . 186
  Finances 186
  III. *Désobéissance à la loi* 188
  Contraventions, délits, crimes 188
  Complicité. Recel . . . 189
  Abus de confiance. . . 189
  Vol domestique 190
  Discernement. Jeunes détenues. 190
  IV. *Actes de l'état civil.* . 191
  Mariage. Publications . 192
  Consentement des parents. 192
  Célébration du mariage 193
  Aliments aux parents . 194

  Régime de la communauté 194
  Régime dotal 195
  V. *Les biens. Contrats. Testaments. Donation. Vente. Louage* . . . 196
  Testaments 196
  Partages 197
  Quotité disponible. . . 197
  Scellés 198
  Droits de mutation . . 198
  Donations entre vifs. . 199
  VI. *Commerce* 200
  Consentement du mari. 200
  Livres de commerce. . 200
  Faillite. 201
  Banqueroute. 202
  Tromperie sur la marchandise. Punition. 202
  VII. *Tutelle. Majorité. Émancipation.* 203
  Tutelle 203
  Conseil de famille. . . 203
  Subrogé-tuteur 204
  Inventaire des biens de mineurs. 204
  Majorité. Comptes de tutelle 205
  Émancipation 205
  VIII. *Protection des enfants. Instruction obligatoire.* 205
  Carnet de nourrice . . 205
  Inspection des enfants en nourrice. 206
  Loi sur l'obligation de l'instruction primaire 207
  Travail des enfants et des filles mineures dans les manufactures 207
  Travail de nuit. — Travail des dimanches. . . . 208
  IX. *Prévoyance. Assistance.* 209
  Caisses d'épargne. . . 209
  Caisses d'épargne scolaires. 209
  Monts-de-piété 210
  Sociétés de secours mutuels 210
  Hôpitaux, hospices . . 211
  X. *Économie politique.* . 212
  L'échange. 212
  L'argent. 213
  Le prix des choses . . 213
  La concurrence. . . . 214
  Le salaire. 215
  L'épargne. — Le capital. — La propriété . . . 216

Armand COLIN et Cie, éditeurs, 5, rue de Mézières, Paris.

Ch. Dupuy. L'Année du Certificat d'études,

publiée sous la direction de M. CHARLES DUPUY, agrégé de l'Université, ancien inspecteur d'Académie, vice-recteur honoraire, député de la Haute-Loire.

CH. DUPUY. Livret de Morale.
1 vol. in-16, élégamment cartonné.... » 30
   Le même. Opuscule du Maître, développement des sujets de rédaction. » 30

Tableau mural de Morale,
double face, en deux couleurs, format des cartes VIDAL-LABLACHE............. 4 50

CH. DUPUY. Livret d'Instruction civique. 1 vol. in-16, cartonné....... » 30
   Le même. Opuscule du Maître. » 30

Tableau mural d'Instruction civique....................... 4 50

CH. DUPUY. Livret de Sciences élémentaires, avec leurs applications à l'Agriculture et à l'Hygiène......... » 30
   Le même. Opuscule du Maître. » 30

Tableaux muraux de Sciences élémentaires.................... » »

P. 2837.   Paris. — Imp. E. CAPIOMONT et Cie, rue des Poitevins, 6.

www.ingramcontent.com/pod-product-compliance
Lightning Source LLC
Chambersburg PA
CBHW051903160426
43198CB00012B/1731